ÉDOUARD SCHURÉ

L'AME CELTIQUE

ET

LE GÉNIE DE LA FRANCE

A TRAVERS LES AGES

Le Flambeau de Lucifer.
Pour l'Étoile du Christ.

CINQUIÈME ÉDITION

Librairie Académique PERRIN et Cie.

L'AME CELTIQUE

ET

LE GÉNIE DE LA FRANCE

A TRAVERS LES AGES

L'ŒUVRE D'ÉDOUARD SCHURÉ

Histoire, Esthétique, Philosophie.

Les Grands Initiés, Rama, Krishna, Hermès, Moïse, Orphée, Pythagore, Platon, Jésus (60ᵉ édition).

L'Évolution divine, du Sphinx au Christ (10ᵉ édition).

Sanctuaires d'Orient, Égypte, Grèce, Palestine (12ᵉ édition).

Histoire du drame musical (13ᵉ édition).

Richard Wagner, sa vie et son œuvre (14ᵉ édition).

Les Prophètes de la Renaissance, Dante, Léonard de Vinci, Raphaël, Michel-Ange, Le Corrège (8ᵉ édition).

Précurseurs et Révoltés (10ᵉ édition).

Femmes Inspiratrices (11ᵉ édition).

L'Alsace Française (6ᵉ édition).

Poésies.

La Vie mystique (Nouvelle édition).

L'Ame des Temps Nouveaux (Nouvelle édition).

La Légende de l'Alsace (chez Fasquelle).

Romans.

L'Ange et la Sphinge (2ᵉ édition).

Le Double (2ᵉ édition).

La Prêtresse d'Isis (4ᵉ édition).

Théâtre.

Les Enfants de Lucifer (2ᵉ édition).

La Sœur gardienne (2ᵉ édition).

Léonard de Vinci (2ᵉ édition).

La Druidesse (2ᵉ édition).

Divers.

Le Corrège, sa vie et son œuvre, par MARGUERITE ALBANAS, précédé d'un essai biographique sur M. A., par EDOUARD SCHURÉ.

Les Mystères antiques et le Mystère chrétien, par RUDOLF STEINER, traduction et préface d'EDOUARD SCHURÉ.

L'Œuvre d'Ed. Schuré, par ALPHONSE ROUX et ROBERT VEYSSIÉ.

Lettres à un Combattant d'ED. SCHURÉ, publiées avec une introduction et des notes par ALPHONSE ROUX.

ÉDOUARD SCHURÉ

L'AME CELTIQUE

ET

LE GÉNIE DE LA FRANCE

A TRAVERS LES AGES

Le Flambeau de Lucifer.
Pour l'Etoile du Christ.

PARIS

LIBRAIRIE ACADÉMIQUE

PERRIN ET Cⁱᵉ, LIBRAIRES-ÉDITEURS

35, QUAI DES GRANDS-AUGUSTINS, 35

1921

PRÉFACE

L'IDÉE CELTIQUE

> *Le calque de la littérature latine a détruit dans notre littérature l'originalité du génie français.*
>
> CHATEAUBRIAND.

Malgré la conquête romaine et la puissante emprise de Rome sur les Gaulois par la culture classique d'abord, par l'Église catholique et romaine ensuite, il y a, depuis deux mille ans, dans l'histoire de France, une lutte incessante entre l'esprit latin qui agit à la surface, et l'esprit celtique qui travaille le fond de la nation. L'esprit latin est un génie souverain de discipline et d'organisation, mais aussi très souvent d'étroitesse et de mutilation. Il part du principe de la soumission absolue de l'individu à l'État. — L'esprit celtique, par contre, est un génie indomptable d'expansion, d'enthousiasme et de

sympathie. Il part du principe de l'Individualité libre et maîtresse d'elle-même.

Disons tout de suite qu'il ne faut pas confon-
dre le génie celtique avec l'esprit gaulois. Celui-
ci, représenté par les Gaëls, est brillant et vif,
impétueux et caustique, mais quelque peu superficiel. Il a de brusques révoltes et de longs oublis
et se laisse dompter par la ruse. Il raille, il per-
sifle, mais finit par obéir. Le génie celtique,
représenté par les Kymris, est grave, profond
et mystique. Il est invincible parce que plus
intérieur. Il résiste en silence et finit par vaincre parce qu'il persévère. A l'acier de l'âme romaine, l'âme celtique oppose le granit breton.
Mais Celtes et Gaëls s'entendent par le culte
commun de l'individualité libre.

Au-dessus de la chimie ethnique des races, il
y a le génie des nations qui plane sur leur histoire comme un principe spirituel. Ce principe
s'incarne dans ses grands hommes et parle par
leur bouche, marquant ainsi la mission de chaque nation parmi les peuples et l'y ramenant
malgré elle, quand elle en dévie. Ce principe
spirituel est, pour la France, l'Ame celtique.
Chaque fois que le génie latin, qui fut pour
elle un maître nécessaire, mais incompréhensif
et dur, veut le charger de chaînes, le génie celtique endormi se réveille dans un héros, dans

un poète ou dans un penseur. Il bondit sur ses pieds et saisit ses armes, qui sont l'Epée, la Harpe ou le Livre, sa tradition à lui.

Les Gaulois sont vaincus par César. Pour sauver ses compagnons Vercingétorix se sacrifie et lui rend son épée. Mais l'esprit de Vercingétorix n'est pas mort. A son exemple, sous mille formes, en des centaines d'individualités diverses, on le verra renaître. Rome soumet les Gaulois, organise les cités, étend sur le pays le réseau de son fisc. La Gaule se couvre de voies romaines, d'aqueducs, de théâtres et de cirques. Mais l'Ame Celtique sommeille ou rêve dans les populations comme les fées et les divinités gauloises dans les bois, les fleuves et les sources. Sans doute les druides décimés et traqués dans leurs forêts se réfugient en Grande-Bretagne, mais leur esprit et leurs traditions revivent dans les bardes d'Armorique, du pays de Galles et de l'Irlande. Quand les rois d'Angleterre et de France voudront confisquer leurs libertés, les bardes répondront par cette fière triade : « Il y a trois choses insaisissables : le Livre, la Harpe et l'Epée », sauvegardant ainsi la Pensée, la Parole et l'Action. Quand l'Eglise romaine voudra prendre aux bardes leur tradition et leur initiation propre, ils lui répondront par cette maxime d'une admirable profondeur ésotérique :

« Il y a trois choses primitivement contemporaines : « l'Homme, la Lumière et la Liberté [1] ».
Comme dira plus tard Michelet : « Des deux
côtés de la Manche, les Celtes résistèrent huit
siècles par les armes et mille ans par l'espérance. » L'influence en quelque sorte souterraine
de l'esprit celtique dans les origines françaises
est immense et incalculable.

Les premiers missionnaires chrétiens de la
Gaule, d'une inspiration et d'une foi toute personnelle, furent des Irlandais. Saint Colom-
ban, qui osa braver la terrible Brunehaut, sous
les Mérovingiens, ne reconnaissait pas l'autorité
de l'évêque de Rome. La lutte entre l'Eglise celtique et l'Eglise romaine dura des siècles. Elle
produisit Pélage, Faustus et plus tard Abélard,
ces défenseurs énergiques de la liberté humaine.
Après l'invasion franque, quand la fusion s'est
opérée entre les diverses races superposées de la
Gaule et le christianisme, quand la France proprement dite s'est constituée de ces éléments divers, la chevalerie apparaît comme un nouvel idéal
humain, d'où sortira l'impulsion régénératrice
des croisades. Dans l'élaboration de cet idéal,
le génie celtique joua le rôle d'un ferment fé-

---

1. Le Mystère des Bardes, extrait de L'Archeology of Wales
et traduit par Pictet (Genève).

condateur. De même les romans de la Table-Ronde, d'où sortit presque toute la littérature européenne du Moyen âge, furent inspirés par les légendes galloises et bretonnes.

On considère généralement la Renaissance française comme un retour de l'esprit français vers le génie latin. Profonde erreur. Il suffit de lire Amyot, Rabelais et Ronsard, pour s'assurer qu'elle fut un élan, par-dessus le génie latin, vers le génie grec, pour lequel l'Ame celtique a toujours ressenti une sympathie intime. Par delà la sécheresse latine et le pédantisme scolastique, barbouillé du latin de la décadence, on vit ruisseler, dans les splendeurs de l'Arcadie, au soleil de la Beauté pure, les sources éternelles de la Science et de l'Art, et l'on s'y abreuva. Quant au romantisme français du XIXe siècle, j'ai montré dans la préface de La Druidesse comment il plonge ses racines, par Chateaubriand et sa sœur Lucile, dans les arcanes de l'Ame celtique. A ce propos, le célèbre poète breton Anatole Le Braz m'écrivit ces lignes frappantes, que je ne puis m'empêcher de citer à cause de leur portée générale malgré ce qu'elles ont de trop flatteur pour moi : « Ce qui m'a surtout ébranlé jusqu'au fond de l'être, c'est le grand coup de sonde que vous jetez, comme en vous jouant, dans tout un océan de

problèmes que les trois quarts des historiens at-
titrés de la littérature ne soupçonnent même point,
eux qui ont la prétention de l'avoir mis en fioles.
Pour ne vous en citer qu'un exemple, qui a vu,
hormis vous, que ce qu'on nomme le romantisme
n'est autre chose qu'une fermentation du vieux
levain celtique, se manifestant à sa date pério-
dique pour faire éclater les moules durcis et
cristallisés et rendre à l'inspiration nationale,
figée dans les bandelettes romaines, le libre jeu
de ses mouvements, de sa spontanéité, de sa
vie ? »

Qu'est-ce alors que le mouvement néo-celtique
auquel nous assistons et qui s'affirme par des
voix éparses ? Sa nouveauté consiste en ceci,
qu'ayant été jadis un mouvement de curiosité
archéologique ou une idéologie de dilettante, il
est devenu aujourd'hui un mouvement de rénovation psychique et de synthèse nationale. Ceux
qui, dans la nouvelle génération, se rangent
sous la bannière du celtisme, y cherchent plus
qu'une théorie d'histoire ou une fantaisie d'art,
ils y trouvent un réconfort moral, une excitation
à la vie meilleure. On y revient comme à une
source de l'âme pure et de la volonté héroïque.
Ce n'est pas sans douce surprise et sans joie
profonde que j'ai entendu un jeune écrivain

d'avenir me confier là-dessus sa pensée intime :
« Le celtisme, m'a-t-il dit, est pour moi un bain
de pureté et de foi. » Essayons donc de définir
les sentiments et les idées qui colorent ce cou-
rant d'âme de nuances si vives.

Je l'ai déjà dit, mais il faut le répéter, il est
dominé comme tous les mouvements celtiques
par le principe de l'Individualité libre, *par ce*
que les druides et les bardes appelaient l'Awen
ou le génie personnel de l'homme. Seulement, ce
dont il s'agit cette fois-ci, c'est à la fois le gé-
nie très divers des individus qui s'affirme ainsi,
et le génie collectif de la nation française tout
entière, de son principe d'évolution, d'orientation
et d'action, en un mot de sa mission historique
et de sa raison d'être dans le monde. Il semble
que les nouvelles générations aient compris, par
leurs propres expériences, cette vérité exprimée
jadis dans mes Grandes Légendes de France :
« Comme les hommes, les peuples ont une âme
et, pour qu'un homme ou un peuple remplisse
toute sa mission, il faut que son âme arrive à
la plénitude de sa conscience, à l'entière posses-
sion d'elle-même. » Le celtisme est donc aujour-
d'hui non une doctrine, mais un ensemble d'as-
pirations qui viennent des arcanes de l'homme
et embrassent toute son activité psychique.

Précisons. Il y a d'abord dans le néo-celtisme

une aspiration morale vers les sentiments héroïques qui éclatent dans l'histoire de la Gaule
indépendante aussi bien que dans la poésie chevaleresque issue des traditions bretonnes et galloises. Nous y trouvons en effet l'amitié et
l'amour conçus comme des sources d'enthousiasme, à l'encontre de l'esprit contemporain
qui ne voit dans le premier qu'un contrat inté-
ressé, dans le second qu'un plaisir des sens,
qu'une chimère néfaste, source de toutes les fai-
blesses. C'est l'énergie et la profondeur du sentiment qui nous charme et nous fascine dans
les figures légendaires de Tristan et de Perceval et nous fait trouver en eux les types primitifs d'un idéal national. On se plaît à rappeler
que la légende de Tristan est la première qui
fit de l'amour entre l'homme et la femme une
exaltation psychique, une sorte de révélation du
Divin, un miroir concentrique du ciel réfléchi
par deux âmes qui se regardent. On constate
ensuite que la légende de Perceval fit de la re-
cherche du mystère chrétien une initiation ré-
sultant de l'effort personnel et du sacrifice un
libre choix, une source d'action indépendante,
un développement et non une mutilation de l'individu.

Le celtisme est ensuite une aspiration esthétique. Il ne nie pas les principes éternels de

l'art fournis à l'humanité par la Grèce en d'immortels chefs-d'œuvre, principes qui s'appliquent à tous les moules et à tous les temps mais il considère que ces moules doivent être renouvelés d'époque en époque et affirme qu'ils ne peuvent l'être que par la puissance de la vie intérieure et par un approfondissement de l'âme. C'est du dedans que viennent les grandes créations modernes. Le génie grec cherchait sa norme dans les arts plastiques, qui sont l'expression du monde extérieur. Le génie celtique cherche son inspiration dans le sentiment musical qui est la perception du monde intérieur. L'âme celtique est musicienne, d'Ossian à Merlin l'Enchanteur et de la harpe bretonne à la prose de Chateaubriand.

Le celtisme est encore une aspiration religieuse et philosophique. Il est par essence une réaction contre le positivisme desséchant et négateur, qui nous tient à la gorge et nous étouffe depuis un demi-siècle, aussi bien que contre le dogmatisme étroit et agnostique de l'Église officielle, qui s'oppose à une large interprétation des religions antiques et des vérités sublimes du christianisme. Contre le positivisme matérialiste, il revendique une conception spiritualiste de l'homme et de ses facultés actives, et cela au nom de l'intuition reconnue comme l'organe même de la connais-

sance, sous le contrôle de la raison. L'intuition, qui est l'œil du sentiment, a toujours été la faculté dominante du génie celtique. Contre le catholicisme romain et latin, il revendique un retour à l'initiation individuelle, une régénération de la religion par la communion avec la Nature, une conception organique du Kosmos, saturée de la sensation submergeante du Divin partout présent et d'un Dieu suprême qui le domine. C'est parce que nous trouvons l'aurore de ces idées et de cette révélation dans les figures légendaires d'Ossian, de Merlin et de Taliésin, ces apôtres de la clairvoyance, du prophétisme et du messianisme celtiques, que nous les considérons comme nos ancêtres spirituels et comme des météores annonciateurs de l'avenir.

Le celtisme est enfin une aspiration sociale parce qu'au nom de toutes ces énergies morales et intellectuelles, qu'aiguise le sens de l'individualité libre, il pressent un nouveau groupement des hommes et des peuples selon leurs affinités intimes et spirituelles, qui doivent dominer et féconder leurs intérêts économiques et matériels. Ce n'est donc pas par l'enrégimentation et la mutilation de l'homme et de l'humanité, rognés et taillés sur un même patron, mais par la liberté individuelle et par l'approfondissement de la Psyché humaine, que le néo-celtisme aspire à

*l'universalité et à une conception harmonique
du Kosmos.*

*Si maintenant nous embrassons d'un seul
coup d'œil les éléments ethniques dont se compose la nationalité française et dont aucun ne
doit être négligé, nous aurons une idée plus
nette du rôle qu'y joue le génie celtique. Dans
cette géographie des races, la Provence et le
Midi de la France représentent l'élément gréco-
latin ; les éléments scandinaves et germaniques
lui sont venus par le Nord et l'Est, avec les Normands et les Francs ; l'élément celtique s'est
condensé en Bretagne mais s'est répandu sur
tout le territoire comme un substratum commun
à toutes les autres provinces. C'est dans le centre
du pays, dans le bassin de la Loire et de la
Seine que ces éléments divers se sont combinés
pour pétrir la langue et l'esprit français dans
la pâte gauloise. L'histoire de France montre
qu'entre l'élément germanique et l'élément latin, l'élément celtique joue souvent le rôle de
l'âme intuitive et divinatrice entre le corps
solide et la raison équilibrante. Que de fois
elle leur servit de flambeau éclaireur ! !Aujour-
d'hui, cette âme subtile et partout dispersée se
ramasse, tressaille et se lève. Parvenue à la
pleine conscience d'elle-même, elle affirme la*

vraie mission de la France qui est d'être la libératrice des peuples. L'impérialisme français est l'impérialisme de l'Idée. Il se dresse de toute son énergie et de toute sa conscience en face du pangermanisme qui est l'impérialisme de la force brutale et qui a réussi à fausser l'âme allemande. Voilà pourquoi, par-dessus le pangermanisme oppresseur, l'Ame celtique salue et tend la main à l'Ame slave, qui a, comme elle, le sentiment de la solidarité des peuples et qui, par-dessus le juste sentiment national, conçoit l'universalité humaine.

INTRODUCTION

Lorsqu'on traverse en chemin de fer la plaine
verdoyante qui s'étend entre Zoug et Goldau,
non loin du lac de Lucerne, un spectacle surprenant frappe le regard. A chaque minute de
ce long parcours, des roches isolées de toute
forme et de toute grandeur défilent sous les yeux
du voyageur étonné. Partout elles encombrent
les pâturages ou dressent leurs arêtes aiguës
vers le ciel, comme si quelque baguette magique
les avait arrêtées dans une course folle. Ce sont
tantôt de simples éboulis de gneiss ou de granit, tantôt de véritables morceaux de montagne
que la nature arborescente a recoiffés de touffes
de sapins et où parfois un fermier aventureux a
juché son chalet blanc à volets verts. Toutes ces
roches faisaient partie jadis du Rossberg dont la
crête ferme l'horizon. Cette montagne s'écroula,
il y a une centaine d'années, le 2 septembre 1806,
avec le fracas du tonnerre, aux lueurs de l'air en-
flammé, sous un ciel obscurci par des nuées de
poussière. Après avoir englouti quatre villages

dans sa chute, comblé un tiers du lac de Lowerz et rejeté sa masse liquide sur ses rives, elle dispersa ses débris à plusieurs lieues dans la vallée. Aujourd'hui que deux siècles de soleil et de pluie ont recouvert ce cataclysme d'un manteau de gazon et de forêts, on a peine à croire que ces blocs erratiques furent jadis une haute montagne.

Car seules leurs formes abruptes et déchiquetées prouvent qu'elles sont tombées d'une cime.

Le livre qu'on va lire représente, en quelque manière le testament de ma pensée et résume ainsi le travail de toute une vie. Il se présente malheureusement sous une forme aussi désordonnée que cet étrange paysage. Ces fragments sont à la fois les épaves d'un monde disparu et les premiers linéaments d'un monde à naître. J'en dois une explication à mes lecteurs. J'essayerai donc de justifier mon audace, en leur racontant brièvement la genèse de cette œuvre.

Elle me force, malgré moi, à remonter loin dans mon passé et à rappeler les assauts successifs, qu'au cours d'un effort dispersé et cependant dirigé vers un même but, j'ai tenté pour percer le massif enchevêtré du monde celtique et parvenir jusqu'à ce sommet d'où l'on peut embrasser, d'un seul coup d'œil, ce que fut, ce qu'est et ce que doit être — la France.

*
* *

Un trait distinctif caractérise la mentalité des Alsaciens dont l'enfance et l'adolescence remontent avant la guerre de 1870. Placés entre deux grands peuples rivaux, dont leurs ancêtres furent tour à tour les sujets, voyant qu'ils étaient eux-mêmes les faibles enjeux de la victoire ou de la défaite, ils ont été, par la force des choses, contraints de vivre d'une double vie et d'une double pensée. Voilà pourquoi les lois inéluctables de la géographie et de l'histoire ont comdamné l'intellectuel alsacien à se faire à la fois une âme allemande et une âme française. Cette existence bilatérale et contradictoire est devenue pour beaucoup d'entre eux la cause d'une profonde incertitude et d'une faiblesse incurable. Le pauvre étudiant d'Alsace était trop semblable à cette femme de la Bible, enceinte de deux jumeaux qui se battent dans le ventre de leur mère. Mais cette lutte pouvait aussi devenir la source d'une force nouvelle pour ceux qui prirent la résolution de dompter et de discipliner en eux-mêmes ces deux frères ennemis.

Ma destinée et mon tempérament me portèrent de bonne heure à tenter l'aventure, en tâchant de comprendre ces deux puissances et de m'assimiler leur génie.

FRANCE ET ALLEMAGNE

Quand je resonge aux jours de mon adolescence passés dans une maison obscure du vieux Strasbourg, à l'ombre de la grande cathédrale, je me revois lisant et relisant avec une ardeur fiévreuse les livres entassés pêle-mêle dans la bibliothèque de mon père. D'une part, les grands poètes, les philosophes et les penseurs mystiques de la romantique Allemagne — de l'autre, les auteurs classiques français et les puissants lyriques de la France du XIX⁰ siècle. C'étaient deux mondes opposés. Quel contraste entre ces deux contrées, avec leurs flores, leurs faunes et leurs architectures- diverses, éclairées, l'une, d'un soleil lumineux, l'autre de rayons lunaires perçant des crépuscules fantastiques. Le fleuve impétueux descendu des Alpes, le Rhin seul sépare les deux pays et cependant on dirait qu'ils appartiennent à deux planètes différentes ou à deux systèmes solaires.

Je dois confesser que ces deux mondes m'attiraient avec une force égale, mais par deux genres de fascination.

Les poètes allemands, me semblait-il, se tenaient plus près de la nature primitive. Dans les légendes barbares de l'antique Germanie comme dans les rêveries sentimentales des poètes romantiques de la moderne Allemagne, on sent une communion plus intime et plus familière avec les forces élémentaires de la nature et ses génies mystérieux. Les fées des Contes de Perrault ont toute la grâce et tout l'esprit des grandes dames de la cour de Louis XIV, mais elles ont perdu le mystère et le charme des antiques fées celtiques. Dans les contes allemands de Grimm par contre, pêcheurs et paysans, ouvriers et fils de rois, conversent réellement avec les Elfes, les Nixes et les Géants. Ils les ont vus, ils frémissent encore de leur contact et nous apportent l'étrange écho de leurs paroles. Ce vent de surnaturel, sorti des arcanes mêmes de la nature, ce souffle d'au-delà a saturé la vieille et la nouvelle poésie germanique. Il constitue sa magie propre. — Si d'autre part on peut reprocher le vague et l'obscurité aux plus célèbres philosophes allemands, aux Kant et aux Fichte, aux Schelling et aux Hegel, on admire chez eux la puissante, la vaste étreinte dont ils essayent d'embrasser le Kosmos du haut de leurs abstractions. Enfin le *Faust* de Goethe est un poème qui s'élève comme une cime solitaire au-dessus de toute la poésie et de la philosophie allemandes et les domine de haut. Pour la première fois il aborde de front le grand problème de l'humanité moderne en essayant une synthèse de l'hellénisme et du christianisme. Goethe et son *Faust* éduquèrent et enchantèrent ma jeunesse. Plus tard, l'œuvre de Richard Wagner devait me retenir par sa merveilleuse compréhension des traditions mythiques et légendaires et par sa triomphale tentative d'appliquer le verbe de Beethoven à la psychologie du drame chanté.

Mes deux premiers livres l'*Histoire du Lied* et le *Drame musical* sont nés de cette réfraction du génie germanique dans mon enthousiasme juvénile.

Dès lors cependant, j'avais remarqué une lacune dans l'esprit allemand. C'était une fissure profonde entre son génie philosophique et son développement historique.

D'un côté, un idéalisme transcendant en théorie, dans la pensée comme dans le rêve ; de l'autre, un réalisme brutal et grossier dans la vie sociale et dans la politique. L'idéalisme fleurit et déborde chez les mystiques du moyen-âge et de la Renaissance comme chez les penseurs et les poètes de l'Allemagne moderne. Mais un égoïsme mesquin, une rapacité féroce, une anarchie persistante se manifeste à travers toute l'histoire de l'Allemagne. Cela est sensible dans la politique des empereurs vis-à-vis des peuples étrangers, autant que dans les rapports des empereurs avec leurs sujets. Ainsi que l'a démontré M. Victor Bérard, dans son livre sur l'*Eternelle Allemagne*, le culte du peuple allemand pour ses empereurs et l'amour des empereurs pour leur peuple, consiste toujours en un pacte pour la proie qu'on se propose et la conquête qu'on se partage. Aucun sentiment chevaleresque, aucun idéal humain, aucune pensée universelle n'y apparaît. On dirait que, de tout temps, la politique du Saint Empire-romain (titre adopté par les empereurs allemands pour englober et usurper la gloire de Rome païenne et chrétienne) n'a pas dépassé le pacte entre l'ancien chef de bandes germaniques du type d'Arioviste et d'Arminius, pacte de fidélité pour la distribution du butin. Si le mystique, si le poète, si le musicien allemand vivent dans le ciel du rêve, de l'imagination et de la mélodie, le peuple allemand pris en masse et ses chefs, qu'ils soient des Habsbourg ou des Hohenzollern, n'ont qu'un culte fervent : l'adoration de la force matérielle et des profits qu'elle confère. — Cela explique les invasions de 1793, de 1870 et de 1914, sans parler de toutes celles qui ont précédé. Cela explique aussi l'effondrement total de cet empire, le jour où le colosse prussien s'étant écroulé sous l'épée de la France et de ses

Alliés, le peuple a cessé de croire à l'utilité de *la politique du fer et du sang.*

J'eus dès ma jeunesse, le sentiment confus de cette contradiction déconcertante quand je passais le pont du Rhin à Kehl et que j'observais l'attitude à la fois insolente et servile des sentinelles badoises déjà dressées à la prussienne.

*   *
*

Quel autre aspect, quelle autre couleur prenait à mes yeux l'histoire de France, lorsque presque enfant encore je lisais les chroniques de Joinville et de Froissart, ou les récits mérovingiens d'Augustin Thierry, ou plus tard les grandes histoires de Michelet et de Henri Martin. Comme l'horizon était plus libre et le ciel plus vaste ! Au milieu de tant de victoires et de revers, que de nobles aspirations, que de belles figures, que de fiers exemples ! Là coulait à pleins bords le large fleuve de la civilisation gréco-latine, et c'était vraiment, à travers les défauts et les vertus de la race gauloise, la marche progressive de l'Europe vers un monde nouveau. C'étaient la chevalerie, les croisades, les libertés communales, la fédération humaine. C'étaient les actes créateurs de l'humanité réceptive et consciente du Divin,

les *gesta Dei per Francos*. Il y a sans doute
dans ces annales tumultueuses des moments terribles, des crimes collectifs, comme le massacre
des Albigeois, l'extermination de l'Ordre du
Temple, les guerres de religion au XVIᵉ siècle,
la Saint-Barthélémy et les massacres de septembre. Mais, au milieu de ces convulsions formidables d'une nation qui cherche son unité
dans les idées morales, quelle superbe et invincible effort des groupes divers de ce peuple et
de ses fortes individualités vers un grand idéal
humain qui le dépasse, qui semble le fuir, mais
qu'il poursuit sans cesse. Et toutes ces aspirations, toutes ces espérances ne sont-elles pas
venues se joindre, avec le bouillonnement d'un
fort torrent, dans les grands lyriques français du
XIXᵉ siècle, dans les Lamartine, les Hugo, les
Vigny, dont les harmonies grandioses ont sonné
les fanfares de la liberté et de la fraternité humaine ?

Notons ici un contraste saisissant entre la
France et l'Allemagne. Celle-ci, malgré son idéalisme transcendant mais de pure théorie, abou-
tit au matérialisme pratique le plus effronté,
parce qu'elle a dédaigné d'appliquer son idéal
à la vie et parce que les actes engagent plus que
les paroles. La France au contraire, malgré son
matérialisme apparent au XVIIIᵉ et au XIXᵉ siècle,

est demeurée fidèle à son idéal spiritualiste, parce que toujours elle a voulu le réaliser dans la vie individuelle comme dans la vie sociale. Elle l'a voulu par ses représentants les plus illustres et périodiquement par ses actes collectifs. Et, fait capital, elle ne l'a pas voulu seulement pour elle-même, mais pour l'humanité tout entière. Dans ce but, elle n'a reculé devant aucun sacrifice. N'eût-elle que cette fière espérance et cette foi invincible, cela seul serait déjà un titre suffisant pour justifier son immortelle mission.

Tout cela, je le sentais impérieusement aux premiers temps de ma jeunesse, mais je n'en avais encore qu'une conscience imprécise. Dans leurs origines comme dans leurs fins, par leurs conflits violents comme par leur collaboration involontaire, l'Allemagne et la France demeuraient pour moi des problèmes non résolus.

Je devinais que, pour les comprendre, il fallait les dépasser et s'élever à un point de vue supérieur, d'où l'on pourrait apercevoir dans son ensemble l'évolution de l'humanité entière.

Les peuples civilisés sont les anneaux d'une vaste chaîne, où chacun a son rôle spécial et sa tâche marquée. Leur passé commande leur présent et conditionne leur avenir sans le déterminer. Une part immense est laissée à la liberté humaine et à l'initiative du génie. Mais ni le génie, ni la liberté ne peuvent changer les empreintes indélébiles de l'histoire, qui s'appellent le Destin et la direction générale des événements qui s'appelle la Providence. Il faut savoir les découvrir et en profiter, comme le marin évite les écueils et capte les vents dans ses voiles en cinglant vers son but avec sa boussole.

Par delà l'Allemagne et la France, l'Italie et la Grèce m'attiraient comme les sources divines de la Sagesse et de la Beauté. Plus loin encore, l'Orient luisait comme la porte toujours ouverte des grands Mystères. Impossible d'en savoir davantage sans y avoir pénétré.

Des années s'écoulèrent pendant lesquelles j'écrivis *les Grands Initiés, les Sanctuaires d'Orient, la Vie Mystique.* Par Eleusis et le Thabor, par le Sphinx d'Egypte et les Temples de l'Inde, mon horizon s'était singulièrement agrandi. Certes j'étais loin d'avoir deviné toutes les énigmes qui m'obsédaient, mais j'avais aperçu la marche de l'humanité et je savais dès lors comment les Puissances invisibles dirigent les hommes par la voix de leurs grands prophètes. J'avais compris comment Dieu parle à la terre. J'avais vu le Verbe éternel s'imprimer d'âge en âge, étape par étape, en sceaux de feu, dans la chair des peuples et rythmer le mouvement désordonné des siècles.

Pouvais-je rester sur cette cime, où l'on embrasse l'Univers en pressentant le Ciel, mais où règne le silence des neiges éternelles? Les événements historiques, ces orages qui, de période en période, bouleversent l'atmosphère, se chargèrent de me ramener à la plaine.

LES GRANDES LÉGENDES DE FRANCE

La défaite de la France en 1870, sous le choc de l'Allemagne disciplinée par la Prusse et par ce hobereau cynique que Thiers appelait spirituellement « un sauvage de génie » avait laissé aux flancs de notre patrie une blessure ouverte. Cette blessure saignante était la perte de l'Alsace et de la Lorraine. Mais plus pernicieuse et plus néfaste encore que cette mutilation était le poison instillé dans les veines de la nation par l'ébranlement moral que devait produire ce coup. Car ce poison destructeur était celui du doute. Doute sur la puissance physique de la race comme sur la valeur intellectuelle et morale de la France. Doute sur sa mission historique et sur les principes mêmes de son développement. Doute sur la puissance du droit et de la liberté. Doute sur l'idéal national et sur l'idéal humain, doute sur le passé comme sur l'avenir, doute sur la puissance de l'homme et sur la justice de Dieu, doute religieux et doute philosophique! Car tout cela se tient indissolublement. Rappelons seulement un mot significatif du plus grand écrivain de l'époque, savant de premier ordre, artiste merveilleux de style et penseur ingénieux mais sceptique, dont on peut dire qu'il fut pendant un quart de siècle le *leader* de l'élite française. Il s'agit d'Ernest Renan. Paul Déroulède ayant parlé dans une réunion familière de son thème favori, à savoir de la nécessité d'une revanche pour le relèvement moral de la France, l'auteur de la *Vie de Jésus* lui répondit : « Jeune homme, la France se meurt... ne troublez pas son agonie. » Devant une telle parole, sortie d'une telle bouche, comment ne pas frémir pour la conscience nationale ? N'y avait-il pas de quoi désespérer ? N'était-ce pas l'abîme ouvert à nos pieds ! Si les anciens et les guides de l'opinion pensaient ainsi, comment n'y aurait-il pas eu, du haut en bas de l'échelle sociale, un abaissement général du niveau moral, dans la pensée, dans l'art et dans la vie ?

Ce fut pour réagir contre ces idées déprimantes que naquit, sans aucun plan préconçu, mon volume sur *les Grandes Légendes de France*.

Déjà la Légende m'apparaissait comme la

sœur aînée de l'Histoire, propre à nous éclairer, non sur ses détails, mais sur les grands courants spirituels qui la dirigent. Dès mes lectures d'adolescent, l'Armorique lointaine avec ses druides, ses fées, sa forêt de Brocéliande et tout son merveilleux me semblaient l'arcane sacro-saint de notre histoire, la source et le refuge de ses mystères intimes. Je me mis à parcourir ses sites, à étudier ses monuments, ses traditions et sa littérature. Je fis de même pour les provinces de l'Est, de l'Ouest et du Centre de la France, scrutant leurs figures historiques et légendaires. En Alsace comme en Bretagne, en Dauphiné comme en Auvergne, dans le Morvan comme au pays de Chartres, au mont Sainte-Odile comme au mont Saint-Michel, je trouvai la race celtique et la tradition druidique à la base de notre histoire. La religion secrète des druides, conservée en ses Idées-Mères dans la tradition bardique avait donc constitué l'unité spirituelle primordiale de notre race. La conquête romaine lui avait imposé ensuite l'unité politique et administrative. Puis l'Eglise latine lui avait apporté la révélation souveraine du Christ. Mais *le Mystère des Bardes* contenait une autre révélation (psychique et cosmogonique) se rapportant aux origines premières de l'humanité comme à son plus lointain avenir.

Grâce à ces perspectives nouvelles, je crus voir les splendides cathédrales de Notre-Dame de Paris, d'Amiens, de Chartres, de Rouen et de Strasbourg, dont chacune est une Bible de pierre et une épopée, s'appuyer par leurs fondements et plonger par leurs cryptes sur ces vieilles assises celtiques. Je crus voir leur luxuriante végétation d'ogives fleuries et de vitraux peints, leur peuple de statues, de rois, de vierges et de martyrs, qui montent jusqu'aux gables de leurs portails et aux pinacles de leurs flèches, se nourrir de la sève antique jaillie de leur sous-sol et montrer à la nation française le prodigieux avenir qui illuminait leurs prunelles et leurs cœurs.

Ce fut ma première exploration du monde celtique. Mais je n'avais pas encore pénétré dans les derniers arcanes du druidisme. La presqu'île armoricaine, cette « spectatrice de l'Océan » comme l'appelle Pline l'Ancien, me cachait encore des secrets. Je n'avais pas découvert tous les mystères de la forêt de Brocéliandé. Ni la harpe perdue de Merlin, ni l'île d'Avalon où veille le fantôme d'Arthur, ni les Fées qui conservent, dans une île de l'Atlantique, la coupe du divin ressouvenir, le vase Azevladour, ce prototype du Saint-Graal — ne m'avaient confié leur dernier mot.

C'est plus tard et par d'autres voies que je devais pénétrer dans ces profonds arcanes.

LA DRUIDESSE

Faut-il le regretter ou faut-il s'en réjouir ? je ne sais, mais des années passèrent de nouveau entre ma première et mes dernières randonnées celtiques. Années chargées pour moi d'événements extérieurs et intérieurs. D'autres rêves, d'autres travaux m'absorbèrent dans l'intervalle.

Si j'avais pris pour devise de mes *Grands Initiés* ce mot qui sembla paradoxal à beaucoup de lecteurs : « L'Ame est la clef de l'Univers », ce ne fut pas de ma part une hyperbole, mais l'expression de ma plus profonde expérience psychique et vitale.

Les clefs spirituelles que j'avais trouvées à Eleusis, en Egypte et en Orient ouvraient mainte porte. Elles s'appliquaient à toutes les âmes, à tous les temps, à tous les peuples. Pareilles à la clef lumineuse, à cette croix ansée qui guidait les Pharaons initiés vers le sanctuaire, les miennes soulevaient bien des voiles et montraient souvent le tréfonds des choses. Je me plus à les appliquer au lyrisme et au roman. Je me passionnai surtout pour *le Théâtre de l'Ame*. Comme le Sphinx d'OEdipe, dont l'éternelle question réclame toujours de nouvelles victimes, ce *théâtre initiateur et sauveur*, cette chimère de mon rêve obsédant dévora les meilleures années de ma vie. Je lui offris successivement les fils et les filles, nées du sang de mon cœur et du souffle de ma pensée : *les Enfants de Lucifer*, *la Sœur gardienne*, *Léonard da Vinci*. Enfin m'apparut *la Druidesse*.

Celle-ci me sembla l'arcane même du druidisme.

L'Eternel-Féminin, qui est la floraison de l'Ame universelle et qui joue un rôle capital jusque dans le sein de la Divinité, s'est manifesté diversement dans toutes les grandes religions. Toujours la Femme y joue un rôle d'inspiratrice fécondée par le souffle divin. L'Inde védique a chanté la prêtresse du foyer, l'épouse sacrée, avec Dévaki, Sita, Damayanti et Sakountala. La Grèce a eu ses Pythonisses et sa Diotime plutôt rêvée que connue par Platon. L'Italie a eu ses Sibylles, la Scandinavie ses Sagas et sa Voluspa. La Gaule préhistorique a eu la Druidesse. Ici, la Femme inspiratrice se révèle à la fois plus cachée et plus puissante. Tandis que chez les autres peuples elle est confinée dans certains mystères spéciaux, la Druidesse gauloise et celtique représente l'Ame collective, l'âme même de la nation, âme d'autant plus active qu'elle est insaisissable et se dérobe dans l'épaisseur des forêts de chênes. C'est la femme visionnaire, c'est la Druidesse qui, par ses rêves et ses extases révéla aux Druides le monde occulte, l'au-delà en prononçant ses oracles au nom des Ancêtres. Les druides en firent alors le centre du culte. Mais, entraînées par leurs passions, ces femmes abusèrent de leur pouvoir dans les sacrifices sanglants et dans les guerres intestines. Alors les druides les reléguèrent dans les îles sauvages de l'Océan. Ils les exilèrent de leurs principaux sanctuaires, mais conservèrent leurs révélations qu'ils amplifièrent par leur propre divination et leur science cosmique.

Dans le drame en question, je voulus représenter la Druidesse à l'apogée de son inspiration et de sa puissance, attirant par le rayonnement surnaturel de sa fauve chevelure, l'ardente curiosité des guerriers gaulois qui, sous les ténèbres des vieilles forêts druidiques, retrouvaient, dans la blancheur lunaire de son visage, la présence des Dieux et respiraient en quelque sorte leur haleine dans les sueurs lumineuses de son corps astral. Je la vis au milieu de l'assemblée des druides et des chefs de la Gaule, où se décidait la paix et la guerre, désigner le Brenn, le chef suprême, en cueillant pour lui la branche de gui, symbole de l'immortalité, sur le chêne de l'ancêtre. — Après une première victoire remportée, je la montrai, dans l'île d'Inisthona, succombant à son amour pour son héros Celtil, après lui avoir révélé le mystère sublime et redoutable de la réincarnation. — D'où la défaite du Brenn. — Je la suivis dans sa détresse, privée de son prestige, mais puissante encore par son amour, délivrant l'infortuné captif du souffle mortel de la Louve romaine, qui, en la personne d'une patricienne ambitieuse, veut l'asservir en lui arrachant sa dernière espérance. — Luttant encore contre le Romain vainqueur, avec tout l'élan de leur invincible amour, j'évoquai enfin dans leur dernier refuge le Brenn et sa Druidesse qui se sont rejoints malgré tous les obstacles. Je les vis s'ensevelir sous le brasier de leur forêt incendiée et trouver, malgré leur défaite, dans ce suprême sacrifice la victoire suprême de leur foi et la promesse de leur résurrection.

... O scènes tragiques... ô visions éblouissantes... pourquoi avez-vous fui si vite ? Pourquoi avez-vous disparu comme d'inquiètes messagères dans les nuées de la tempête ? — Soyez bénies pourtant. N'est-ce pas grâce à vous que j'ai surpris les premiers tressaillements de la

France dans la Gaule mourante ? Oui, en écoutant battre le cœur de la Druidesse, j'ai entendu palpiter l'Ame celtique !

LA SYNTHÈSE DE LA FRANCE

Le drame de la *Druidesse* fut écrit en 1913. Il parut en volume au printemps 1914. Mais un autre drame plus grandiose et plus effrayant, un drame mondial où devait se décider non seulement le sort de la France, mais encore celui de l'humanité moderne, couvait dans l'atmosphère de l'Europe terrorisée par le militarisme prussien et enténébrée par le culte effréné de la matière. On étouffait sous les miasmes d'un enfer invisible mais partout présent. La guerre depuis si longtemps prédite, la guerre sauvage éclata enfin comme une lueur sinistre, sortie d'un ciel noir, gonflé de haine et jaune de fureur. Le fracas du tonnerre est toujours précédé d'un éclair qui illumine la surface terrestre et semble vouloir percer ses entrailles. Tel le coup de foudre qui annonça la guerre de 1914. Tout le monde se dit : « Ce sera plus terrible que tout ce qu'on a vu. » Mais personne ne savait comment ni à quel degré. Cependant ceux qu'avait oppressés le poids des miasmes délétères s'écrièrent inté-

rieurement : « Quoi qu'il arrive, enfin on respire...
car enfin on va cesser de mentir. Les âmes des
hommes et des peuples vont apparaître au grand
jour et montrer au ciel leur vrai visage. On verra
leur face hideuse ou sublime. Tombés tous les
masques ; finies toutes les dissimulations. Enter-
rés aussi, oubliés en un clin d'œil tous les beaux
rêves, tous les projets personnels. » Chacun ne
songeait plus qu'à faire son devoir et à prendre
part à sa manière à la grande lutte. Ne disons
rien des quatre années terribles, connues, souf-
fertes et vécues par tout le monde. Rappelons
seulement le fait capital qu'on semble oublier
aujourd'hui : la résurrection de l'âme française.
Miracle inattendu, qui devait en provoquer bien
d'autres, cette résurrection fut instantanée
comme un phénomène électrique, réponse admirable au coup de foudre qui la provoqua. L'âme
profonde de la nation surgit en un clin d'œil, rejetant comme des haillons ses fausses apparences. Et ce n'était pas seulement la France d'hier
et d'avant-hier, mais celle de toujours qu'on
revoyait. Non seulement les armées de la Révolution et du premier Empire, mais toute la chevalerie et les croisades, les Frances de Charlemagne, de saint Louis et de Henri IV étaient
là debout, frémissantes et réconciliées. On eût
dit que toutes les grandes époques du passé

s'étaient donné rendez-vous à cette heure de l'histoire, au jour de la lutte suprême, pour tenir tête aux violateurs de la Justice, du Droit et de la Liberté. « L'union sacrée » ne s'opérait pas en théorie, mais par un acte spontané d'ensemble et d'énergie. Grâce à quoi, la France intégrale joua, pendant les effrayantes péripéties de la grande guerre, par-dessus les désastres et les hécatombes, le rôle superbe d'Eveilleuse des consciences, d'Entraîneuse des peuples libres. A travers son épreuve et son triomphe, la France est devenue la Jeanne d'Arc des nations.

D'où vient donc qu'après la victoire l'esprit des foules et de ses meneurs est retombé dans une sorte d'apathie et d'incertitude sur les résultats matériels et moraux de la lutte ? Serait-ce qu'après son prodigieux effort et ses sacrifices inouïs, la France se reprendrait à douter d'elle-même ? Ses inévitables difficultés intérieures et le chaos encore mal débrouillé de l'Europe, suffiraient-ils pour lui faire oublier sa magnifique situation morale ? Je ne le crois pas. Ce ne sont pas les obstacles du dehors qui inquiètent sa pensée et entravent ses décisions. C'est un problème intérieur, c'est une énigme spirituelle qui trouble sa vue. Consciente de sa mission politique, la France n'est pas encore parvenue à formuler nettement son idéal, au point de vue de la réforme esthétique et morale, philosophique et religieuse, désormais indispensable à l'humanité. Problème de science, problème de foi, problème d'éducation. Ajoutons que l'avenir de toutes les nations dépend de ces trois facteurs et qu'à côté de ces grands ressorts tous les petits leviers sont secondaires.

Pour se comprendre elle-même et voir clair dans sa mission providentielle, il faudrait que la France se ressaisisse et se résume dans tout son passé, qu'elle le rassemble en un tout organique comme en un faisceau vivant. Alors la marche instinctive de son histoire, à travers ses nombreuses oscillations, lui montrerait son avenir en lui conférant la plénitude de sa conscience.

La lumière fulgurante, qui émane de la guerre de 1914 à 1918, illuminera tout l'avenir de la France, à condition qu'elle se pénètre de ses clartés et qu'avec ses rayons elle sache remonter à ses sources.

*
* *

Telles étaient mes réflexions, en l'automne de l'année 1919, lorsqu'en ma retraite des Vosges je relus *le Mystère des bardes*. Au rythme de ses triades, inspirées des druides, une lumière subite se fit en moi, éclairant tout l'horizon historique de la France et sa psychologie intime. Les trois mondes qui constituent l'univers vivant, ces trois mondes, si nettement aperçus par les druides dans leurs rapports et leur fonctionnement réciproque, projetaient leur lumière sur deux mille ans d'histoire.

Les sages obscurs qui furent nos ancêtres spirituels avaient compris que *la loi de la hiérarchie des puissances cosmiques et des âmes* est l'armature de l'univers et la colonne vertébrale de *l'évolution descendante et ascendante des âmes* qui décrivent autour d'elle leurs spirales infinies.

Ceux qui veulent abolir cette hiérarchie, les égoïstes, les envieux, les pervers et les démoniaques, sont des criminels et des insensés. Sous prétexte de tout niveler, ils veulent tout détruire et faire régner sur le monde la stupide monotonie de leur brutalité, plus meurtrière que celle des pires tyrans. Mais ils échoueront toujours misérablement devant la force et la splendeur de l'Esprit et ne réussiront qu'à prouver leur incurable impuissance.

En dessinant à grandes lignes et en paroles sibyllines le cadre des trois mondes, les druides assignèrent à l'homme comme but de perfection le plein et complet épanouissement de son indi-

vidualité. Mais, en même temps, ils lui impo-
sèrent la nécessité de traverser les trois mondes,
de haut en bas et de bas en haut, ce qui impli-
que son adhésion à la hiérarchie et sa soumission à l'harmonie de l'ensemble.

A la lumière de cette idée, le développement
de l'âme individuelle se cristallisa pour moi
dans le *Conte préhistorique* des *Avatars de la
Druidesse.* Parallèlement et subséquemment, le
développement de l'âme nationale (celto-latine
et française) se déroula en une vue panoramique
des grandes époques de notre histoire, rythmées
en vagues successives, avec leurs chutes et leurs
ressauts, leurs lames de fond et leurs souffles
d'en haut, jusqu'à une perspective sur l'organisation des trois pouvoirs, contreparties actives
et organes récepteurs des trois mondes invisibles, où le verbe de Lucifer collabore avec le
verbe du Christ.

Si fragmentaires, si incomplets que soient ces
deux tableaux — l'un poétique, l'autre historique — je les donne pour ce qu'ils sont : évoca-
tions hardies de mondes en formation, ébauches
imparfaites de temples à construire.

*
* *

Quant à l'émotion que j'éprouvai en parvenant au sommet de cette ascension téméraire, elle ne peut se rendre que par une image.

Lorsqu'on contemple le Mont-Blanc des hauteurs du Jura ou des rives du lac de Genève, on aperçoit sa chaîne majestueuse à l'horizon comme une dentelure diamantée de neige.

Rapprochez-vous du géant des montagnes et tâchez de le voir face à face. Gagnez par exemple d'Aix-les-Bains le mont Revar. Ici vous serez saisi par la sérénité et la paix des hautes cimes. L'air est d'une pureté merveilleuse, les poumons se dilatent, les fleurs alpestres embaument l'âme et l'azur. Devant vous, déferle en pente douce, jusqu'à la lisière d'une forêt, un vaste pâturage où se délectent une centaine de vaches au son de leurs clochettes. A distance, au-dessus de la croix du Nivolet, qui surplombe un noir abîme, apparaît, comme nn bataillon serré en pointes aiguës, la chaîne des Alpes dauphinoises. Mais qu'est-elle auprès du géant de glace assis sur son massif de neige ? Parcourant du regard l'horizon mouvementé et revenant au Mont-Blanc, on a le sentiment que ces pics innombrables se sont soulevés à l'exemple du sommet qui les domine. Prodigieuse émulation. N'ayant pu l'égaler, ils saluent en lui le roi des montagnes.

Serrez de plus près encore le souverain des Alpes. Allez à Chamonix et regardez-le du haut du Brévent ou de la Flégère. Votre impression sera très diverse et presque tragique. Là, vous tremblerez devant la puissance dévastatrice du Titan qui jette ses cascades de glaciers et ses moraines jusqu'au fond des vallées, à travers les aiguilles de Charmoz et du mont Anvers. Le monstre est entouré de décombres et flanqué de précipices. Mais ceux qui ont eu le courage de franchir la pointe des Grands-Mulets, à l'ombre du mont Maudit, et d'atteindre le sommet du dôme du Gouté par les frissons du corridor et les escaliers de glace, assurent que de là-haut on embrasse la vue la plus splendide. Ils ont aperçu à la fois les plaines dorées de la Lombardie, les collines vaporeuses de la France et la Suisse aux mille têtes. Ils comprennent alors que, si le Titan, fils de la terre, s'est élevé si haut avec son peuple de montagnes, c'est afin de se faire mieux embrasser par le Ciel, de verser ses fleuves au continent et d'être l'épine dorsale de l'Europe.

Tel le panorama de l'histoire de France que j'entrevis du sommet des trois mondes, gravis jadis par nos ancêtres les druides.

Aix-les-Bains. Août 1920

LES AVATARS DE LA DRUIDESSE

CONTE PRÉHISTORIQUE

> L'Ame est dans son propre royaume, qui est plus vaste que l'Espace, plus ancien que le Temps, aussi large que l'Esprit, aussi riche que l'Amour.
>
> EMERSON.

PROLOGUE

LE NEIMHEIDH DE PLOMOR

Aux premiers siècles de l'ère chrétienne, l'Armorique était encore un refuge pour l'antique religion des druides. Ils y gardèrent longtemps de vastes enceintes forestières, asiles inviolés. Quels remparts plus sûrs pour leurs mystères que ces fourrés inextricables, ces côtes sauvages, ces falaises abruptes et la ceinture mugissante de l'Océan ! Leurs divinités habitaient ces bois, ces rochers et ces flots. On eut beau les persécuter, tant qu'ils purent préserver ces retraites profondes de l'invasion étrangère, ils conservèrent leur prestige. Ils ne cessèrent de converser avec leurs dieux et ne les perdirent sans espoir de retour que lorsque la hache romaine et la croix du Christ vinrent abattre ces forêts de chênes, temples et forteresses de leur culte.

Le dernier de ces sanctuaires fut le *Neimheidh* (enceinte sacrée) de Plomor, situé sur la côte septentrionale de l'Armorique entre deux caps escarpés et aventureux, aujourd'hui écroulés à la suite d'un formidable tremblement de terre et primitivement appelés par les Kymris *la porte de Teutatès* et *la porte de Bel-Héol*. Chacun de ces deux promontoires était percé à sa base d'un tunnel creusé dans les entrailles du roc par les vagues qui sans cesse entraient d'un côté et sortaient de l'autre, ou, furieuses se rencontraient au milieu du pertuis. Au soleil couchant la porte de Teutatès, énorme falaise de granit gris qui fermait la baie à l'Occident, paraissait à contre-jour la noire porte de l'enfer. Par contre, le haut rocher de granit rose, qui formait l'autre pointe du golfe à l'Est, flamboyait aux derniers rayons de l'astre comme un gigantesque porche rouge et paraissait ainsi la porte du ciel. Dans toute la longueur du golfe, au pied des falaises, s'étalaient au loin, tantôt des plages de sable blanc semé de coquillages, tantôt des chaos de rochers formés par d'énormes blocs de granit rouge entassés pêle-mêle comme les éboulis d'une monstrueuse cité de Titans. La marée basse transformait cette côte en lagunes et en marécages, tandis que la marée haute déferlait sur les rochers roses ses rouleaux d'azur en volutes d'argent. Plus en arrière, se dressait, formidable et sinistre, la forêt de chênes, qui formait le sanctuaire des drui-

des, bordait toute la longueur du golfe et sui-
vait son ourlet dans ses criques et ses détours.
Ici, ses branchages tordus et ses feuillages
épars débordaient sur les hautes falaises et se
penchaient curieusement sur l'abîme où blan-
chissent les vagues. Là, sa lisière reculait à
quelques centaines de pas, devant le chaos
des rochers. Mais partout le navigateur, qui se
risquait dans la baie, voyait onduler, au-dessus
des plages et des falaises, une autre mer non
moins menaçante, un océan de verdure immobile, l'immense, l'impénétrable forêt qui s'éche-
velait dans le ciel en ramures fantastiques ou
s'enfonçait dans les ravines en masses épaisses.

Cette forêt longue de douze lieues et large de
quatre, protégée dans son pourtour par des fos-
sés profonds et des fourrés de ronces et d'épines, constituait l'enceinte sacrée et la demeure
des anciens druides. Eux seuls et leurs servi-
teurs les ovates, prêtres préposés aux rites et
aux sacrifices, en connaissaient les accès dé-
robés. Les druides habitaient dans des cavernes
savamment aménagées, et enseignaient leurs
doctrines à des disciples venus de loin pour les
écouter sous les hauts ombrages, en des clairières ensoleillées. Près d'une rivière, encaissée
dans une forêt de hêtres, on voyait des huttes
à toits pointus couverts de bardeaux de chêne.

C'est là qu'habitait jadis un collège de druidesses, instruites dans la science sacrée par les druides. Elles jouaient un rôle important dans la divination et dans les sacrifices. Avec la décadence du druidisme, leur corporation s'était égrenée et réduite. Maintenant, il n'y en avait plus qu'un petit nombre, occupées à rassembler les plantes magiques pour en composer des philtres et des baumes, et une prophétesse mystérieuse, fille adoptive du Grand-Druide, qu'on ne voyait presque jamais et seulement dans les grandes fêtes.

Avec ses hautes futaies, ses vallons, ses clairières, ses sources sacrées, ses rivières, ses pâturages, ses troupeaux, ses cavernes cachées et ses villages enfouis sous les arbres, la forêt druidique, qui s'étendait à perte de vue sur un terrain mouvementé, formait un monde à part, séparé de l'autre, et qui se suffisait à lui-même.

Mais son centre, le *Neimheidh* proprement dit, où se rassemblait le conseil des druides, était une sorte de monticule d'où l'on dominait le chaos des rochers et d'où la vue s'étendait au loin sur toute la baie, vers l'immensité de l'Océan.

Une petite terrasse formait le sommet de la colline. Derrière elle, s'ouvrait une caverne profonde, où l'on voyait briller dans la pénombre et rangés en demi-cercle des trophées d'armes pris sur l'ennemi, boucliers, casques et cuirasses, vases d'or et d'argent. Des faisceaux de javelots, des haches de licteurs traçaient dans l'ombre des gerbes lumineuses. Dans la profondeur de la caverne, des épées disposées en éventail contre les parois du roc luisaient comme des soleils blafards. C'était le séjour de l'Archidruide et le saint du saint du sanctuaire.

Une sculpture monumentale et primitive ornait l'entrée de cette grotte. Les figures vagues et colossales étaient taillées à même dans le roc grossièrement travaillé. Au-dessus du porche, une tête prodigieuse de femme semblait sortir du granit et veiller sur le sanctuaire inviolé. C'était la tête de Korydven, déesse de la Lune, que les druides assimilaient à la grande Nuit primitive d'où sont sortis tous les êtres, avec les dieux et les hommes. Tête oblongue, majestueuse et grave, elle n'avait pas de corps, mais de son col puissant émanaient deux vastes ailes embrassant le dessus de la porte naturelle qui formait l'entrée de la grotte. Sous l'aile gauche, se dessinait dans la pierre l'image de Teutatès, dieu de la guerre et du travail, tenant son marteau. Il formait le linteau gauche de la porte. Le linteau droit représentait Bélen ou Bel-Héol, le dieu du soleil, coupant une branche de gui sur un chêne avec une faucille. Les protégeant de ses grandes ailes, la déesse de la Nuit, la Mère des Dieux avait l'air de couver ses deux fils d'une égale sollicitude. A eux trois, ils gardaient l'entrée du Neimheidh.

De la terrasse, un escalier cylopéen à larges dalles descendait en droite ligne vers la plage, à travers le chaos des rochers. A marée basse, on pouvait marcher sur une chaussée de blocs jusqu'à un îlot où s'élevait le temple de Teutatès. Ce temple se composait simplement de douze monolithes non taillés formant cercle et d'un dolmen central, appelé la pierre du sacrifice. A marée haute, la chaussée qui conduisait à l'îlot était couverte par l'Océan. Le temple primitif se dressait alors fièrement avec son autel au-dessus de la danse des vagues et de leurs rondes folles.

Le soleil venait de se coucher derrière le promontoire de Teutatès. Le cap sombre ressortait en noir sur la coulée d'or, tandis qu'en face le cap de Bel-Héol se revêtait de pourpre. Sous le vent d'Ouest, un palais de nuages cramoisis flottait à l'horizon. Le zénith immaculé du ciel se réflétait dans une mer d'un bleu foncé, dont les franges d'écume se brisaient sur la plage d'un rythme lent et monotone. Seule la divinité sem-

blait respirer d'un souffle puissant et régulier
dans les éléments, comme aux premiers jours
de la création. Cependant les mouettes blanches,
qui poursuivaient leur pêche du soir en hardis
plongeons, auraient pu, en remontant dans l'air
avec leur proie frétillante, apercevoir deux êtres
humains dans cette vaste solitude.

*
* *

Ces deux personnages occupaient la terrasse
du monticule, à l'entrée du Neimheidh, au-dessus
du chaos des rochers, en face de la mer. C'était
l'Archidruide et la Druidesse. Chacun des deux
paraissait absorbé dans une besogne énigmati-
que et singulière. Le vieillard, presque centenaire, vêtu d'une blanche houppelande avec une
ceinture aux plaques d'or et coiffé d'une épaisse
couronne en feuilles de chêne, était assis sur
une chaise fabriquée avec des troncs d'arbres.
De ses mains décharnées, il puisait l'une après
l'autre, dans une caisse de bois, de longues banderoles en écorces de bouleaux, jaunies par le
temps. Sur ces fragiles spirales, aux intermina-
bles circonvolutions, étaient tracés des signes
mystérieux. Ces *rhyns* ou ces *runes* représen-
taient, dans une écriture hiéroglyphique connue
des seuls druides, leur cosmogonie, leur sagesse

immémoriable et l'histoire de la race celtique depuis les temps de l'Atlantide. Toutes ces traditions étaient condensées et formulées en courtes sentences, appelées *triades*. Même traduites, les étrangers ou les profanes les comprenaient difficilement. Mais pour les druides, chacune de ces triades avait des sens nombreux. Quand ils les prononçaient, les annales d'un passé lointain surgissaient des limbes de l'oubli et des mondes évoluaient à leurs yeux.

A quelques pas du vieillard, la druidesse reposait, à moitié assise à moitié couchée, sur un tas d'herbes et de rameaux enchevêtrés. Elle tenait sur ses genoux un bouclier rond en acier, luisant comme un miroir. Avec une attention concentrée et un soin minutieux, la jeune femme disposait artistement, sur son pourtour, des ramilles et des fleurs. Maniés par ses doigts fuselés, troènes et trèfles, primevères et chèvrefeuilles et cent autres corolles de toutes nuances formaient des mots et des phrases mystérieuses. Vêtue d'une robe légère de lin gris, ourlée en guirlande d'une bande violette, Derwida avait la grâce flexible des bouleaux dont les feuilles frémissent à tous les vents. Ses cheveux, cuivre et or, couronnés de verveine se nouaient en torsades derrière sa tête. Deux touffes fauves rétombaient sur sa nuque svelte et son dos d'une

blancheur nacrée comme celle des coquillages.
De temps en temps, elle levait son visage pour
regarder droit devant elle. Alors ses narines
dilatées avaient l'air de humer tous les parfums
de la terre. Sa bouche sinueuse, tour à tour
amère et douce, se contractait violemment ou
s'épanouissait à d'invisibles baisers. Ses yeux visionnaires avaient la couleur changeante des
vagues qui châtoient du clair au sombre et du
vert foncé au bleu d'outremer. Tout à coup,
ils devinrent transparents comme ces sources
limpides et tristes qui dorment dans la lande,
entre des roches moussues et réfléchissent tout
le ciel sur un fond d'herbes ondulées. Puis, ses
yeux s'embrumèrent ; une larme glissa de leurs
cils, et la druidesse, penchant la tête sur le bouclier, se replongea dans sa légende fleurie.

A ce moment l'Archidruide, rejetant dans le
coffre les spirales d'écorce de bouleau avec leurs
triades et tournant vers Derwyda sa face plus
ridée que l'écorce des chênes, s'écria :

— Les fleurs de Korydven t'ont-elles enfin
parlé ? As-tu percé l'énigme du Destin ?

Derwyda baissa la tête et répondit d'un ton
accablé : — Non ; je n'ai rien trouvé.

— As-tu donc oublié, reprit le vieillard, que
le solstice d'été approche et que ce jour-là les
chefs gaulois viendront demander à la prophé-

tesse quelle victime ils doivent offrir à Teutatès pour obtenir la victoire ? As-tu choisi l'holocauste ? Teutatès ou Bel-Héol t'ont-ils visitée sous le chêne ? Ou quelque Dieu plus redoutable t'aurait-il domptée dans ton sommeil ?

Elle détourna son visage et murmura :

— Je parlerai devant l'autel du sacrifice; jusque-là ne m'interroge pas.

— Alors, dit le centenaire en se levant d'un geste menaçant, tu me caches ta pensée... mais je la devine... Tu veux trahir Teutatès et tous les Dieux de nos ancêtres ?... Est-ce vrai?

La Druidesse se leva à son tour et se dressa toute droite en répondant:

— Qui t'a dit cela ? et pourquoi me soupçonner ? Ne suis-je pas la voix des Dieux qui parlent par ma bouche ? Ils peuvent tout, oui, mais moi, je ne puis rien sans eux. Ils me saisissent quand ils veulent... Alors je sens leur souffle dans ma chevelure qui frissonne, et leur étreinte dans mon cœur qui bat...

Ce disant, elle dénoua ses cheveux opulents et ajouta fièrement en éparpillant leurs nattes d'or sur ses épaules : — Oui, je suis toujours la Druidesse !

Mais aussitôt elle reprit d'une voix sourde et angoissée aux longues palpitations :

— Ah ! tu ne peux pas te douter de ce qui

se passe en moi depuis un an... Tu ne connais pas, comme moi, les Puissances avec lesquelles je lutte corps à corps, nuit et jour, comme la barque avec la vague... Elles ne m'ont pas terrassée encore... je suis toujours debout... mais n'essaye pas de savoir mon secret... Personne ne peut m'aider que moi-même !

En prononçant ces mots, elle le défia d'un œil farouche. Pendant quelques instants, le vieillard et la jeune femme restèrent debout l'un en face de l'autre, se bravant du regard. Mais tout à coup elle poussa un grand cri, et se laissa tomber comme une masse sur l'amas de rameaux et de fleurs. Sa poitrine se soulevait en soubresauts rapides contre le bouclier d'acier, tandis que sa tête échevelée dessinait avec son corps allongé et ses bras étendus une croix vivante sur le sombre monceau de verdure.

L'Archidruide la regarda d'abord avec un effroi mêlé de tendresse. Penché sur elle, il étendit ses mains tremblantes comme pour la secourir. Mais aussitôt sa pitié fit place à un mouvement d'indignation, et, levant les bras au ciel, le vieillard exhala sa colère en reproches véhéments :

« — Ingrate ! Perfide ! Traîtresse ! Voilà donc la récompense de vingt ans de soins assidus et d'amour paternel prodigués à une enfant trouvée sur la plage, à une épave de la mer ! Ah, tu n'étais pas aussi fière quand je te découvris cramponnée à la proue d'un navire fracassé par la tempête, dans la grotte de Teutatès, où le flot t'avait jetée. C'était un navire de pirates normands qui t'avaient volée en Calédonie. Tout le jour, les ovates l'avaient vu danser sur les flots, puis se briser contre le cap et disparaître sans trace dans le gouffre avec son équipage. On courut sur la plage pour recueillir les débris du naufrage, mais on ne trouva rien. Moi seul j'entendis des cris d'enfant dans la caverne où pénétraient les vagues. Là, je te vis accrochée à ton épave. Tu clamais : « Père ! mère ! sauvez-moi des brigands ! Ils viennent ; ils viennent ! » Quand je te saisis pour t'emporter, tu enlaças mon cou violemment et tu ne me lâchas plus jusqu'au Neimheidh des druides. Ta robe trempée d'eau salée collait sur ta peau, tu grelottais de froid et tes yeux écarquillés d'épouvante semblaient pleins encore de tous les monstres de l'abîme. Tu ne portais pas d'autre ornement qu'un collier de perles et un anneau d'or au bras, signes d'une haute naissance. N'étais-tu pas une perle de la mer que m'envoyait Korydven ? — J'adoptai la petite voyante des Hébrydes, aux yeux d'outremer...

« Ce furent de beaux jours, ceux de ton enfance

et de ton adolescence. Je t'enseignai l'antique sagesse des druides, les trois cercles de l'existence. Par moi tu appris à te reconnaître dans *Abred*, le cercle des migrations où nous vivons, et que gouverne Teutatès-Gwyon, le fils des ténèbres, inventeur des arts et Korydven, la déesse de la Lune. Je t'enseignai ensuite ce qu'est le monde de *Gwynfyd*, peuplé des âmes immortelles, où règnent les Dieux et que gouverne Bel-Héol aux rayons de flammes, le roi du Soleil. Je te parlai même du monde supérieur, du cercle de *Ceugant*, du monde de l'Eternel où les sages mêmes ne peuvent pénétrer et où règne seul *Esus*, le grand Dieu, Père de tous les autres. — Et tu semblais comprendre, et tu suivais ma parole avec des yeux qui s'agrandissaient de jour en jour. Oui, tu comprenais ; car, à chaque échelon de notre ascension, à chaque étape de mes leçons tu me disais : « Mais ce n'est pas fini... continue ! » Et comme nous montions de cercle en cercle et de monde en monde, tes yeux passaient de l'opale au vert, du vert au bleu tendre et du bleu tendre au bleu d'outremer, saturé de lumière. Tu grandis, tu devins belle, tu devins voyante. Tu dormis sous le chêne de Hu-Gadarn, tu vis les ombres des aïeux, tu entendis la voix des Dieux dans les airs, tu appris à lire dans les astres. Je t'appelai *Derwyda*, du nom des druidesses du temps jadis, qui cueillaient sur le chêne le gui de l'immortalité pour les grands guerriers. J'espérais faire de toi une nouvelle prophétesse qui rendrait à la Gaule sa gloire et ses Dieux... mais hélas !...

« Ah, maudit soit le jour où le cénobite d'Erin, où saint Brandan vint s'établir sur notre côte, dans la baie du Finistère ! Maudites soient ses cloches, son ermitage, son monastère, ses moines, pâles ombres cadavéreuses qui errent dans nos bois en psalmodiant des prières. Il a violé notre enceinte sacrée. Poussé par son Dieu jaloux, il a osé pénétrer dans notre sanctuaire sous le chêne de Hu-Gadarn, avec son crucifix, te parler de son Christ, le magicien sanglant de la croix !... Il y a un an, je l'ai surpris auprès de toi. Il te parlait, il te prêchait debout sous l'arbre fatidique... Tu l'écoutais avec une attention profonde. — J'ai chassé le sacrilège en le menaçant de mort s'il revenait. Et lui, tranquillement, m'a répondu : « Les disciples du Christ ne craignent pas la mort, mais je n'ai pas besoin de revenir. O vieux druide, tu auras beau faire, ce que la druidesse a entendu de ma bouche ne s'effacera jamais de sa mémoire !.. » Et il disparut par le sentier tortueux, sous un mince trait de lumière qui filtrait sous la nuit des chênes ténébreux. Toi, tu ne disais rien, tu t'étais endormie d'un sommeil profond, dans le creux de l'arbre sacré...

« Mais, depuis ce jour, tu n'es plus la même, je ne te reconnais plus. Ton âme s'est fermée pour moi. Tu es devenue presque muette. Tu erres seule dans les forêts et sur les plages, en proie à des pensées terribles. Tantôt, au haut d'une falaise, tu te prosternes devant le soleil couchant: tantôt, perdue dans la lande, au milieu de la nuit, tu lèves tes bras vers les étoiles, comme si tu implorais un Dieu inconnu du fond des espaces. Tantôt, couronnée de fleurs et parfumée comme une fiancée, tu cours sur la plage, sautant parmi les rochers et les vagues, au péril de ta vie, et tu vas passer des journées entières dans la grotte de Teutatès, hantée des mouettes et des cormorans... l'autre soir, je t'y ai suivie de loin...Je croyais t'y surprendre avec un mystérieux amant... Mais non !... je t'y ai trouvée seule, dans le dernier retrait, sur un lit de goémons, où le jour verdâtre glisse sur les rochers bleus par une fissure blafarde. Tu étais assise, la face tournée contre le roc, les doigts crispés contre les goémons humides et tu étreignais la froide muraille de tes bras ardents et nus...

« — Que fais-tu là ? » m'écriai-je. Alors tu te retournas, l'œil hagard, en clamant : « — Laisse-moi seule avec mon Démon !.. Je l'attends... et si tu l'empêchais d'entrer, j'en mourrais de désespoir ! » Je sortis épouvanté par ton regard et par ton geste impératif et revins au Neimheidh en trébuchant au milieu des flots hurlants...

« Cette nuit-là les vagues eurent des voix courroucées... Je te croyais perdue... mais au point du jour, je te vis revenir, pâle, défaite, épuisée, comme une Pythonisse qui vient d'être terrassée et possédée par son Dieu... Ah ! Derwyda ! ma Druidesse !.. non, ce n'est pas un homme qui a pu entrer dans cette grotte, où seul entre et sort l'Océan, non ce n'est pas un simple mortel qui a répondu à la furie de tes embrassements... Dis-moi donc, fille de mon âme et meurtrière de mon cœur, dis-moi quel Dieu du ciel ou de l'enfer t'a fait me trahir ? »

*
* *

La jeune femme, assise sur le monceau de rameaux fleuris, avait écouté le vieillard, le visage caché dans ses mains, les deux coudes sur ses genoux, sans bouger. Quand il s'arrêta, elle releva la tête et répondit, très calme, avec un sourire mélancolique :

— Non, je ne suis pas infidèle ; non, je ne t'ai pas trahi ; non, je n'obéis pas à saint Bran-

dan. Il est vrai que le saint m'a parlé d'un Dieu
nouveau et que ce Dieu m'est apparu dans sa
gloire. Mais un autre Dieu encore, un Dieu malheureux s'est dressé devant moi, un Dieu que
tu crois connaître et que tu ne connais pas. Et
ce sont ces deux là qui se disputent mon âme,
dans un combat dont je ne connais pas encore
l'issue.

— Alors pourquoi, dit le druide, n'as-tu pas
recours à ma science pour te guérir et te sauver ? Ne suis-je pas ton guide et ton protec-
teur ?

— Oui, dit-elle, tu m'as donné ta sagesse, tu
m'as ouvert la porte des trois mondes... Mais
crois-moi, ô père vénéré, car je le sais maintenant, la vieille science des druides ne suffit pas
pour monter au cercle de la félicité. Elle ne suffit pas non plus pour plonger à ce qui est au-
dessous des dernières profondeurs d'*Abred*, à
l'abîme d'*Annfoun*. Depuis un an, mes yeux se
sont ouverts à d'autres sphères. J'ai vu ce que
tu n'as pas vu, j'ai voyagé dans les cercles d'en
haut et d'en bas. Or, je te le dis, nous sommes
au crépuscule d'un monde ; l'aurore d'un nouveau monde se lève !...

Elle parlait avec une sérénité tranquille et une
grande solennité. Le soleil venait de se coucher
derrière le cap de Teutatès et le golfe brillait

comme un bouclier d'azur, semé de pointes de feu. L'Archidruide parut si accablé des paroles de la Druidesse qu'il se rassit sur son siège en laissant pencher sa tête sur sa poitrine.

— C'est vrai, dit-il, je suis le Crépuscule et toi tu es l'Aurore. Je n'ai plus qu'à me coucher dans la tombe. Un tertre moussu s'élèvera dans la lande, et personne ne se doutera qu'il recouvre le dernier des druides. Il est profond le sommeil des morts, et personne n'évoquera plus les héros du passé.

Attendrie par la mélancolie du centenaire, la druidesse s'approcha de lui, glissa ses mains effilées dans ses longs cheveux blancs et baisa tendrement son front. Puis elle reprit avec un enjouement mystérieux :

— Non, non, ta vie n'est pas terminée ; pour toi aussi elle recommence. Jadis tu m'as ouvert le chemin des trois mondes ; maintenant c'est moi qui te conduirai au cercle de Gwynfyd.

D'un sourire étrange, elle se mit à effeuiller des églantines sur la tête du vieillard, qui resta immobile et accablé.

— As-tu ce pouvoir et aurai-je la force de te suivre ? murmura-t-il. Dormir avec les morts ne vaut-il pas mieux ? Jadis je savais beaucoup, je croyais tout savoir, mais mon esprit s'est voilé, mes yeux se sont couverts d'écailles. J'ai perdu

le pouvoir que j'avais dans mes précédentes existences, et maintenant je ne sais plus rien. Sais-je
seulement d'où tu me viens et qui tu es, toi l'enfant du miracle, la mouette apportée par les
flots que j'ai bercée dans mes bras, élevée sur
mes genoux ? Je ressemble à l'enfant qui a pris
une colombe dans un filet. Emerveillé, il la tient
toute palpitante dans ses mains, mais qu'elle
s'échappe, il ne saura ni quel nid l'a couvée, ni
où elle va dans le vaste ciel...

Pendant qu'il parlait, elle avait disposé une
gerbe de fougères près de l'Archidruide et s'était
assise à ses pieds en appuyant sa tête contre son
genou.

— Eh bien, soupira-t-elle, ta colombe ne sait
pas encore au juste où elle ira, mais elle va te
dire d'où elle vient. Car, depuis un an, mon esprit a voyagé dans d'autres mondes. J'ai revécu
toutes mes existences passées. Oui, j'ai retrouvé
mon *Awen*, mon génie primitif. Avec lui, j'ai
reparcouru le cercle de mes migrations dans
Abred. Veux-tu refaire avec moi ce voyage ?

— Soit, dit l'Archidruide, ce sera un avant-
goût de mon voyage d'outre-tombe. Montons
dans la barque de Korydwen, qui conduit par
le royaume des ombres au ciel étoilé des âmes.
Mais qui sera le pilote ?

— Le nouveau Teutatès.

— Et quelle est notre étoile ?

— Le nouveau Bel-Héol.

— Tu parles par énigmes, mais je suis prêt à te suivre. Me voici dans ton esquif. Prends ta rame, hisse ta voile — et partons.

LA CONFESSION DE LA DRUIDESSE

Récit des temps qui ne sont plus.

I

AÏSCHA

Le soleil s'était couché. La masse imposante des deux promontoires se prolongeait comme deux bras noirs sur l'Océan pailleté de rouges reflets. Des flocons de nuages dorés survolaient la bande rose de l'horizon comme une caravane de cygnes. Presque imperceptible encore, l'étoile du soir tremblait dans la clarté mourante du jour. Assise aux pieds de son maître, la tête appuyée à ses genoux, la Druidesse avait les yeux mi-clos. D'une voix suave, à peine audible, elle commença son récit scandé par intervalles du rythme lent et lointain des vagues.

— A la source des choses, dans les chastes embrassements de l'Ether, je me retrouve comme l'Ève première, nageant éperdue mais heureuse dans l'immensité de la Lumière incréée. Mon nom était alors Aïscha. Car je m'entendais appeler ainsi par les Puissances qui m'enveloppaient de leur souffle. Oui, je fus Aïscha, l'Ame céleste, l'Archétype de l'Ame humaine, la pure, la translucide, créature éthérée, jaillie de l'âme d'un soleil disparu...

« Hélas! je ne suis plus aujourd'hui qu'une parcelle infime, une étincelle errante de cet être divin qui fut créé par un rayon du tout-puissant Ésus dans *Ceugant*, le cercle de l'Eternité, et projeté dans *Gwynfyd*, le cercle des Dieux, dont il devait faire le bonheur. Mais alors il me semblait que j'étais cette Aïscha elle-même, qu'elle me remplissait tout entière. Elle palpitait en moi et je palpitais en Elle. O félicité de la lumière paradisiaque! O bleue immensité des gouffres de l'espace! O joie de l'aspirer et de me laisser aspirer par Elle! J'y flottais, j'y plongeais en dressant mes ailes sur ma tête. Je suais l'ambroisie et laissais derrière moi de longs frissons d'argent. Au milieu de mes courses, je m'arrêtais parfois, ivre de vertige. Alors des visages gigantesques, des yeux immenses apparaissaient et disparaissaient dans les profondeurs de l'espace. C'étaient les Elohim !... Je sentais que je ne vivais que par eux. Leurs forces me traversaient de part en part et leurs voix me disaient, dans un concert prodigieux: « Aïscha! Aïscha!

fille bienheureuse de l'Eternel, demeure dans le cercle de Gwynfyd. Ici règnent la lumière et la paix. Ne descends pas au cercle d'Abred, au tourbillon des générations, où règnent les ténèbres et les tourments. » — Et je me laissais bercer par les vagues et la voix des Elohim, et j'avais horreur du gouffre redoutable.

Mais un jour, dans la pénombre de mon demi-sommeil, m'apparut, sur un nuage de feu, un être étrange et splendide. Il avait la forme humaine et le visage d'un Dieu, une étoile au front, un flambeau à la main. Ses yeux rayonnaient de fierté. Je le regardais, fascinée d'épouvante et de ravissement. « Qui es-tu ? balbutiai-je. — Je suis Lucifer, dit-il, le plus puissant des Elohim. Les autres ne possèdent que la lumière de l'Eter_ nel, ne vivent, ne respirent, ne pensent que par Lui. Moi, j'ai ma lumière propre, mon étoile et mon flambeau. Plus tu vivras, Aïscha, et plus tu verras que par moi seul tu peux accomplir ta destinée. Moi seul je t'aime, moi seul je te comprends... Veux-tu m'aimer ? — Pourquoi m'aimes-tu, m'écriai-je ? — Parce que tu es belle, plus belle que moi, plus lumineuse et plus fluide. Tu ne te connais pas toi-même. Aucun miroir ne t'a renvoyé ton image. Mais moi je te vois telle que tu es et telle que tu seras un jour... moi seul je t'épanouirai dans toute ta splendeur charnelle... et je ferai de toi... la Femme... la Femme vivante !... Oh, tu ne peux être heureuse, et moi je ne puis créer sans toi. Viens, ô divine Aïscha, oh viens. Double adorable de moi-même. Ensemble nous créerons un monde resplendissant, un monde tout à nous, peuplé de nos rêves et de nos désirs, loin des Elohim jaloux et de l'impassible Eternel. » Je balbutiai : « Et pour cela que faut-il faire ? — Descendre avec moi dans le tourbillon des générations, dans l'Abîme. — Jamais ! m'écriai-je. Mais je frissonnais à la fois de terreur et de curiosité. » Il s'en aperçut et me menaça d'un éternel adieu. — Sans toi, dit-il, je détruirai quelques mondes, au lieu d'en créer un nouveau, et je me détruirai moi-même après, pour renaître ensuite plus malheureux pendant des milliers de siècles. Ah ! tu ne sais pas ce qui m'attend. Car je ne puis pas mourir, moi qui suis un Dieu, je ne puis que souffrir éternellement, si je dois être sans toi. Comprends-tu ce que cela veut dire ?...

Alors, vaincue par la pitié, fascinée par la beauté de son front et la puissance de son regard, je tombai dans ses bras. Il me saisit comme une proie et nous plongeâmes dans l'Abîme. Oh, la spirale sans fin, où nous roulions dans l'ivresse du vertige... et la bouche d'ombre qui nous engloutit... vous m'effrayez encore !...

II

LILITH

En prononçant ces paroles d'une voix haletante, la Druidesse s'était levée. Déjà la nuit,
qui confond toutes les formes sur la face de la
terre, s'était ruée sur l'Océan. Les étoiles s'étei-
gnirent une à une, car une brume légère voilait
le firmament, mais la lune écornée se levait,
toute jaune, derrière le Neimheidh, sur la forêt de chênes. Derwyda passa plusieurs fois la
main sur son front, puis se rasseyant sur la
gerbe de fougères près de l'Archidruide, elle
continua d'une voix palpitante d'émotion.

— ... Non, je n'étais plus Aïscha... j'étais devenue Lilith... l'épouse de Lucifer !... Notre
royaume était la Terre. Nous habitions une immense caverne, aux flancs d'une chaîne de montagnes gigantesques. Et cette caverne était plus
splendide que le plus somptueux des palais. Tous
les métaux élaborés par le feu terrestre l'or-
naient ; tous les cristaux éclos des entrailles du
sol en fusion pendaient en stalactites, comme
des lustres, des voûtes de la grotte pour nous
éclairer ; toutes les fleurs couvées par le soleil

dans la fraîcheur des vallées ombreuses tapissaient notre sol et décoraient nos murs. Et la terre, notre terre, ondulait à nos pieds, en gradins magnifiques, montagnes, plaines, fleuves, lacs et vallées, mers de verdure chatoyantes, un paradis terrestre... Des arbres géants sortaient en panaches des gouffres roses et tendaient leurs bras vers nos mains avides...

Follement enlacés dans notre extase, nous nous aimions... nous nous aimions... Nos longs regards, nos baisers brûlants s'abîmaient l'un dans l'autre. Nous mourions pour renaître au vaste embrasement qui dévorait nos sens et dont chaque étincelle allumait de nouveaux météores au gouffre de nos âmes. Et ces météores se reflétaient en mille nuances au ciel changeant de notre planète. « Regarde, ô ma Lilith, me disait Lucifer, cet horizon n'est-il pas le mirage de notre rêve ? Cette terre n'est-t-elle pas notre œuvre ? et ce royaume n'est-il pas notre amoureuse image ? Et je souriais heureuse, et les fleurs elle-mêmes, aux pétales mobiles, les fleurs vivantes ouvrant leurs calices nous regardaient avec des yeux d'amour... et baisaient nos pieds...

Mais, ô miracle inquiétant, à mesure qu'augmentaient nos transports et nos désirs insatiables, des ombres vaporeuses et multiformes peuplèrent notre grotte. C'étaient des figures étranges, les unes superbes et nobles, d'autres terribles et hideuses. Leur foule grouillante devint de plus en plus nombreuse. Elles se répandirent sur toute la terre. Sur le sol, dans l'eau, dans l'air, je les vis ramper, nager, voler. Serpents, taureaux, lions, aigles, dragons, mille autres quadrupèdes et volatiles remplirent l'univers. Et je m'écriai avec terreur : « O Lucifer, ne vois-tu pas que ce sont nos propres pensées, nos passions fatales qui nous reviennent, incarnées en êtres vivants dans tous ces animaux terribles ? Oh, retournons dans l'Éther, dans le sein de la Lumière maternelle où nous vivions jadis sur des ondes aériennes. Un sang orageux et lourd bat dans mes veines. J'ai perdu mon corps fluide et rayonnant. Tu as perdu l'étoile de ton front ; tes yeux distillent un feu sombre. Oh, retournons dans Gwynfyd ! Que je redevienne Aïscha et que tu redeviennes Lucifer ! » Mais il me répondit avec un regard de désir et un sourire triomphant : « Lilith, tu veux me quitter ! Tu veux me priver de ton corps délicieux et de nos étreintes divines... mais il est trop tard !... Nul ne remonte dans Gwynfyd lorsqu'il a plongé dans l'Abîme. Nous sommes ici sur notre terre, sur notre création, dans notre royaume. J'y enfante des monstres et des Dieux. L'Eternel a rêvé l'homme ; il a créé Abel. Je l'égalerai. Avec toi,

moi aussi je saurai créer mon image radieuse [1] ! »
Alors apparut devant nous la figure d'un homme aux membres puissants, au regard sinistre, une massue à la main. Un cadavre était étendu à ses pieds. C'était Caïn le meurtrier d'Abel. Une voix clama : « Voilà votre fils ! » D'horreur et de honte, je cachai mon visage dans mes mains. Au même instant, le ciel et la terre changèrent de face. Le ciel devint noir, des volcans surgirent du sol ; le feu envahit toute l'atmosphère. Et le puissant Archange Mikaël, fendant la croûte des nuages et les fumées de la Terre, se dressa devant nous. « O Lucifer, le plus beau des Archanges, dit-il, en arrachant

1. Les druides et après eux les bardes ont appelé Lucifer *Gwyon* parce qu'il descend de Gwynfyd, le cercle de la Félicité et qu'il veut reconquérir la sagesse divine par son propre effort. Ils ont appelé la terre encerclée par la lune dans un halo de ténèbres *la chaudière de Korydven*, d'où sortent les êtres vivants, qui dévoilent par leurs manifestations le secret des choses. Une seule goutte qui déborde du vase de Korydven, que le nain Gwyon porte à ses lèvres, lui révèle toute la sagesse. Car cette goutte est une quintessence de l'univers. Korydven jalouse veut tuer son fils, mais il lui échappe en revêtant successivement la forme de tous les animaux et se change finalement en un grain de blé. Aussitôt Korydven se transforme en poule et l'avale. Sur quoi Korydven redevenue déesse accouche du barde Taliésin qui possède la science infuse. — Cette légende contient, sous une forme naïve et populaire l'idée de la métempsycose et de l'évolution ascendante de l'Esprit à travers tous les êtres. Gwyon était chez les Gaulois Teutatès, dieu des sciences et des arts.

l'Eve divine à son ciel, tu n'as aimé que toi-même. Toi, Aïscha, l'Immaculée, en épousant tous ses désirs tu es devenue Lilith, la mère de Caïn. Car il est votre fils. Vous subirez le monde que vous avez enfanté de vos désirs. Toi Lucifer, un invisible réseau garrottera tes ailes. Tu seras plongé dans l'épaisseur de cette terre que tu as enténébrée de ton orgueil sans mesure, et tu seras enfermé dans son centre. De cette prison, tu contempleras pour des siècles ton œuvre dans l'humanité, jusqu'au jour du repentir, où ton étoile te sera rendue. Toi, Aïscha, tu deviendras femme sur la terre et tu subiras le joug des hommes que ta convoitise a enfantés, jusqu'au jour de la rédemption où tu retrouveras tes ailes. Mais jusqu'à ce temps tu perdras tout souvenir du Ciel. Tel est le décret de l'Eternel. »

Ces paroles tombèrent sur moi comme une avalanche de glace. Déjà Lucifer et l'Archange avaient disparu. Alors je me sentis seule — seule dans l'univers, seule comme une âme maudite, perdue dans la froide, dans la muette immensité. Alors je poussai un cri d'horreur — et je m'évanouis.

III

SÉLÉNA

Le ciel s'était strié de nuages noirs. La lune les fendait de sa proue, tour à tour brillante ou voilée, comme un navire d'argent. Enfin elle disparut complètement sous un rideau de brume. La Druidesse tomba dans une sombre rêverie.

— Poursuis ta descente dans Abred, car tu n'es pas au bout de ton voyage, dit l'Archidruide.

Après un long silence, elle reprit d'une voix sourde : — Comme un cauchemar dans la nuit trouble, ils repassent devant moi mes siècles noirs, existences sans nom et sans flamme. Elles repassent dans les limbes de ma mémoire, mes mornes vies, comme ces nuages devant le disque de la lune.

Pourtant une image ineffaçable jaillit pour moi de ces ténèbres. Je me revois demi-nue, vêtue de peaux de bêtes, dans une caverne tortueuse, où mes enfants grouillent comme des vermisseaux autour d'un grand feu. A l'issue de la caverne, où je me suis glissée en rampant, deux chasseurs d'aurochs et de bison se bat-

tent furieusement. L'un est mon époux ; l'autre,
vêtu d'épaisses fourrures, est son ennemi mortel. D'un coup de hache, il l'abat et, poussant
un cri sauvage, s'apprête à se jeter sur moi ; car
je suis l'enjeu du combat. Le meurtrier vainqueur devient le possesseur de la caverne et de
la femme ; c'est la loi de ces temps. Mais moi,
comme une biche affolée, je m'enfuis dans les
bois, sous l'aile du crépuscule. Près d'un lac
caché par d'épaisses forêts, je grimpe sur un
roc où personne ne peut m'atteindre. Au-dessus
du lac, la lune montait comme une faucille d'or
dans le ciel. Les étoiles, en clignant des yeux,
dardaient leurs regards jusqu'au fond de mon
cœur et semblaient me dire : Viens !

Alors, devant ces astres, il me vint comme un
ressouvenir de ma divinité perdue. Je levai mes
bras vers ces témoins sublimes de mon angoisse.
Ils me dirent : « Tu n'appartiens pas à la caverne,
tu n'es pas l'esclave du meurtrier de ton époux.
Tu appartiens à ces royaumes célestes où nous
voguons... » Pareil à un cercle d'or, un reflet de
la lune flottait sur l'eau sombre, dans l'abîme.
« C'est ta couronne perdue et ton beau dia-
dème... » dirent la lune et les étoiles. Eperdue d'épouvante et d'un fol espoir, je me laissai
choir dans le lac noir et glacé, pour y noyer à
jamais ma douleur et toute ma misère.

IV

DERWYDA

La lune avait reparu, éclatante mais sinistre, couleur orange, au milieu des nuages noirs et ressemblait maintenant à un navire échoué parmi les écueils. Se tournant vers elle, la Druidesse s'écria :

— Tu ne m'as pas été favorable, ô Korydven, astre changeant, dont je fus longtemps la prêtresse sous le nom de Séléna. Hélas, que de fois je dus renaître et mourir pour mourir encore ! Ame errante, esclave du destin maudit, sans souvenir des Dieux, ignorante de ma patrie céleste je cherchais en vain ma vie au labyrinthe ténébreux des vies.

— Mais n'as-tu pas connu des jours de gloire aux fanfares de Teutatès et aux rayons de Bel-Héol ? dit l'Archidruide.

— Oui, dit-elle, une splendide lumière tomba dans ma nuit. Elle me vint de toi. Maintenant tout revit à mes yeux.

Et ce fut un autre âge... et ce fut un autre horizon...

Il y a de cela des centaines d'années et pourtant je m'en souviens comme d'hier. Une vaste clairière s'ouvre dans un bois sombre, au centre de la Gaule. Je te vois plus jeune qu'aujourd'hui avec une longue barbe fauve qui descend et se tord jusqu'à tes genoux. Tu es assis à l'ombre gigantesque d'un arbre noueux, aux branches innombrables, au tronc millénaire, le chêne de Hu-Gadarn. Autour de toi, rangés en demi-cercle, des druides vénérables et de jeunes guerriers. Tu parles et l'on t'écoute en silence. Mais toi tu me regardes fixement, tu as l'air de ne parler que pour moi. Debout devant toi, vierge grave, en robe blanche, je demeure suspendue à ta parole comme la feuille au chêne et je vibre comme la harpe au vent. Etais-je ta fille ou ta pupille ? Je ne sais plus, mais ce que je sais c'est que tu étais déjà le père de mes pensées ailées. Tu m'enseignas les trois mondes et les trois grands Dieux : Esus, Bel-Héol et Teutatès qui gouvernent l'univers. Tu me dis les destins et les migrations de la race des Gaulois, venus de l'Atlantide, sous la conduite de Hu-Gadarn, l'inventeur de la charrue, de la rame et des navires. Tu m'enseignas l'écriture secrète des runes, les signes de l'air et du ciel. Pendant que tu parlais, moi, muette, attentive et fascinée, je sentais sourdre en moi les sources du divin ressouvenir... et s'ouvrir les écluses de ma mémoire... Une vie nouvelle commença pour mon esprit. Le monde changea d'aspect ; les choses devinrent transparentes. O bonheur profond, prodige d'émerveillement immense ! Je voyais avec des yeux nouveaux, j'entendais avec de nouvelles oreilles. Je surprenais le chuchotement des esprits dans les soupirs du vent, et quelquefois, égarée sur la lande ou au cœur des forêts, la voix des Dieux me parlait dans le frémissement des bruyères ou dans le grondement des chênes secoués par l'orage.

Une nuit, je m'endormis sous le chêne de Hu-Gadarn. La lune, glissant à travers les branchages caressait mes membres assoupis. Les boucliers suspendus dans les ramures s'entrechoquèrent, et je vis venir à moi, par la clairière, un vieillard imposant, vêtu d'une peau de bison et armé d'une haute lance comme un conducteur de peuples. C'était l'esprit de Hu-Gadarn, l'ancêtre de la race. Il me dit : « Sur le chêne sacré, pousse une plante merveilleuse : le gui, dont vous ignorez les pouvoirs. Son suc, bouilli dans la chaudière de Korydven et philtré par les mains pures des vierges, guérit de terribles maladies. Mais le gui possède une vertu plus grande encore. Sa branche fleurie, donnée par une vierge au héros qu'elle a deviné, lui inspire le courage et le consacre à l'immortalité.

Car, de même que le gui pousse sur le chêne, de même l'âme du héros pousse sur le tronc des Dieux et se nourrit de la sève du soleil. Porte ce message aux Druides, ô vierge, tu seras la Druidesse, *Derwida* (la Voyante du Chêne), la cueilleuse de Gui, l'Éveilleuse des héros !... et la race des Gaulois s'épandra sur le monde. »

Ainsi, tu t'en souviens, ô père vénéré, je fus couronnée de verveine et consacrée en druidesse. O jours d'extase, ô jours de triomphe, ô jours les plus beaux de mes vies ! Debout sur les dolmens, à la lueur des armes et des flambeaux je haranguais les Gaulois. J'enflammais les grands chefs, je leur dictais la volonté des Dieux. De loin, je suivais leurs exploits, et, dans les replis de mes forêts sonnantes, je croyais entendre leurs fanfares de victoire. N'étaient-ils pas les fils de mon âme ? N'étais-je pas plus que leurs mères et leurs amantes ?... Et pourtant, ô Druide centenaire, toi qui as vu tant de chefs fauchés, tant de guerres et de fléaux, tu as été témoin d'un pire supplice... de mes douleurs incommensurables. Fugitives furent mes extases et mes joies plus courtes que les trouées d'azur dans un ciel tempêtueux. Ces guerriers couvés par mon souffle, qui buvaient mon âme, qui emportaient mon cœur... ils partaient tous pour ne plus revenir... Après l'apothéose sur les boucliers, le désastre. Leur gloire s'effondrait en des pays lointains où ils semaient leurs os et leurs peuplades. Ils tombaient entraînés par leur destin fatal, comme l'arbre fracassé qu'emporte le torrent de la montagne... et je restais seule à répéter leurs noms aux échos des bois. Moi, la vierge fiancée des Dieux, je devins la veuve inconsolable de mes héros. J'étreignais en pleurant l'écorce des hêtres et les durs rochers.

Tu as vu tout cela, car tu m'as suivie dans plusieurs de mes incarnations. Mais tu ne sais pas d'où m'est venu le feu le plus redoutable qui m'ait dévoré... qui me dévore encore...

Ecoute donc. Echevelée et tombant de lassitude, j'errais un jour au sommet du cap de Teutatès. Une immense tempête balayait dans le ciel des escadrons de nuées folles. Elles rasaient les flots. L'Océan blanc d'écume bouillonnait comme la chaudière de Korydven. Partout les vagues blanches escaladaient les récifs. Cramponnée à la pointe du cap dans ma détresse, j'invoquais Teutatès. Et le Dieu m'apparut à travers un nuage de pourpre. Jamais je ne vis tête si belle et si fière. Dans sa course rapide, il brandissait une torche, et le feu qui sortait de ses prunelles étincelait comme la foudre. Il me dit : « O fille de Hu-Gadarn, prophétesse des Gaules, tu n'as pas encore trouvé le vrai héros.

Il m'en faut un plus grand, plus téméraire, un héros capable de braver tous les Césars et de se mesurer avec les Dieux. Il va venir... A toi de l'animer de ma flamme ! » Eperdue, je m'écriai : « — Ce héros, aurai-je le droit de l'aimer ? — Oui, dit Teutatès, s'il me ressemble... Alors aime-le sans mesure et sans frein ! » Et il disparut dans un éclair. Renversée sur le roc, je restai un instant foudroyée de terreur et de joie. Mais bientôt je me redressai, offrant mes seins nus à l'étreinte des vents et bravant la fureur de la tempête. Car le dernier regard du Dieu avait jeté dans mon cœur une audace inconnue et coulait dans mes veines comme une lave ardente.

*
* *

Parvenue à ce point de son récit, la Druidesse était montée à un tel degré d'exaltation qu'elle se communiqua au vieillard. Il se leva, la serra dans ses bras, puis la regardant au fond des yeux, il s'écria : « — Te voilà redevenue la Druidesse des temps jadis, qui évoquait la tempête et soulevait les flots. Tu es encore la prophétesse. Tu pourrais encore susciter un héros sauveur ! »

Mais de brûlante qu'elle était, Derwyda devint tout à coup froide comme le marbre. Dans un complet abattement, elle se laissa retomber sur le monceau de rameaux coupés et acheva cette partie de sa confession d'une voix presque éteinte:

— Oh non, non... on ne recommence pas ce qu'on a vécu, on ne nage pas deux fois dans le même fleuve... Il est venu le héros prédestiné. Je le vis... Il ressemblait à Teutatès, mais son visage portait le deuil de sa patrie opprimée, et cette douleur le rendait plus beau que mon Dieu. Son regard traversa mon âme, ma voix éveilla la sienne. Pour lui je cueillis le gui sacré. Après sa première victoire il revint à moi, et je me donnai à lui, comme si dans cette première étreinte je devais étancher la soif de cent vies... Mais aussitôt je perdis ma force et ma voyance... Un bandeau noir se posa sur mon âme... J'avais perdu le contact des Dieux. Mon héros partit ; je ne l'ai plus revu. Il lutta de défaite en défaite... Et quand, longtemps après, un ovate vint m'annoncer qu'il était mort décapité dans un cachot de Rome, je me tuai en vidant une coupe empoisonnée du suc de l'if... Je ne désirais plus ni Abred, ni Gwynfyd, mais l'Abîme... le Néant... Avec les yeux divins de l'Ame, j'avais perdu à la fois mon Amour et mon Espérance... toute ma Terre... et tout mon Ciel...

V

LE NOUVEAU CHRIST

La lune avait disparu ; le ciel était pur. L'Océan se retirait au loin avec le reflux. A marée basse, la baie ressemblait maintenant à un vaste marécage noir, semé de flaques d'argent. L'atmosphère presque immobile respirait un calme merveilleux, et les constellations dardaient leurs feux dans un silence solennel. Orion flamboyait plus intense que les autres. La terre semblait se recueillir pour mieux écouter la musique des sphères et la mer se figer en miroir pour mieux refléter le firmament.

L'Archidruide et la Druidesse prêtaient l'oreille à ce silence. Ils mirent quelque temps à sortir de leur accablement ; le destin semblait peser sur eux de tout son poids. Soudain Derwyda se leva comme prise d'une inspiration subite et reprit d'une voix grave :

« — Pourquoi, ô mon père, après nous être rencontrés en plusieurs incarnations glorieuses, nous sommes-nous retrouvés dans cette vie sombre ? Pourquoi, malheureuse enfant de la Calédonie, volée par des pirates et destinée au honteux esclavage ai-je été recueillie par toi dans ton sanctuaire ? Est-ce pour souffrir plus cruellement ? Est-ce pour expier mes fautes ? Ou pour apprendre une sagesse nouvelle? Est-ce pour délivrer les Gaulois du joug qui les opprime ou pour rouvrir aux aveugles humains les routes du ciel? Serait-ce pour quelque chose de plus grand et de plus mystérieux encore ? Serait-ce pour réconcilier des Dieux ennemis depuis l'origine de notre monde ?... En vérité, je ne le sais pas, mais nous sommes nés sous le signe de Saturne, dans un siècle d'épreuve et de colère. Déchus de leur grandeur ancienne, les Gaulois se débattent entre les Romains et les barbares... Le monde ressemble à la chaudière de Korydwen, où tous les êtres se mélangent dans un furieux bouillonnement. La chaudière déborde, et des monstres apparaissent dans son écume...

« Depuis mon enfance, je me suis traînée tristement comme la chenille qui rampe sur le sol et rêve des ailes du papillon. Je ne retrouvais que des lueurs intermittentes de ma voyance d'autrefois. J'ai connu jadis la soif des héros... je devais connaître les affres d'une soif plus dévorante encore... la nostalgie des Dieux perdus !... C'est pour cela, ô triste centenaire qui surveilles anxieusement ta Druidesse comme ta dernière espérance, que tu as vu si souvent mes chastes seins se soulever d'un violent désir, et que, penché sur mon sommeil, tu as entendu sortir de mes lèvres des paroles incohérentes et entendu se précipiter les battements de mon cœur orageux...

« Voici pourtant, il y a un an, qu'une aurore splendide s'est levée dans mon ciel et m'a pénétrée d'une lumière inconnue... Ecoute ceci maintenant :

« Depuis des années, j'attendais vainement le retour de l'inspiration sous le chêne sacré. Un soir d'été, je vis devant moi un homme décharné, vêtu d'une robe blanche, sans autre défense qu'un bâton surmonté d'une croix. C'était saint Brandan. Je fus saisie d'une violente colère contre l'étranger qui m'épiait dans mon rêve. « — D'où viens-tu ? que me veux-tu ? affreux fantôme ? » balbutiai-je. Mais lui, très doux, me répondit : « O Druidesse, qui te consumes dans l'attente de ton Dieu, je viens t'annoncer un Dieu nouveau, le sauveur du monde qui est mort sur la croix par amour des hommes, et qui est ressuscité d'entre les morts. » Alors, d'une voix familière, il me raconta l'histoire de Jésus de Nazareth, de sa naissance, de sa vie et de son supplice au pays de Judée. Presque tous les soirs saint Brandan revenait, poursuivait son récit, puis s'en allait sans attendre ma réponse. Chaque fois qu'il revenait, je le sentais approcher par un frisson de tout mon être. Il me semblait alors que l'étoile des mages me couvait de ses rayons et sitôt qu'il parlait, je tombais dans une sorte de demi-sommeil, et toutes les scènes qu'il évoquait se déroulaient, lucides, sous mes yeux. Quand il en vint au récit de la Passion et au supplice de la croix, ma tête et mon corps furent déchirés d'une douleur indicible. Un délire de pitié envahit mon âme. Je fus prise d'un tel amour pour ce fils de Dieu, qui par amour des hommes consentit à subir toutes ces tortures, que je voulus les souffrir à mon tour ! La couronne d'épines s'imprima sur mon front en même temps que sur le sien. En succombant sous le portement de la croix, je crus que tous les crimes et toutes les souffrances du monde m'accablaient. A la crucifixion, toutes mes fibres se rompirent, et la mise au tombeau du Dieu me parut l'anéantissement de mon propre corps, la cessation de toute vie.

« C'est à ce moment que tu nous a surpris et que tu chassas le saint avec des menaces. Il me dit adieu avec ces mots : « Prie et crois... et tu verras le Christ ressuscité ! »

« Alors commencèrent mes visions étranges. Chaque soir, au-dessus des bois, à l'horizon des mers, dans les nuages, j'apercevais une croix noire. Il en sortait un bouillonnement de lumière comme une pluie de roses. Et le ciel et la terre, et tout ce qui respire buvait cette rosée sanglante, cette aurore d'amour qui se répandait dans l'atmosphère. En songeant à cet immense sacrifice d'un Dieu, à ce baume de consolation qui s'échappait du supplice de la croix, mes yeux se remplissaient de larmes, mon cœur débordait de tendresse. Je me prosternais à terre en murmurant : « O Christ, je baise tes pieds. Laisse-moi souffrir tes douleurs pour apaiser les tiennes, puisque tu souffres toujours pour guérir et pour sauver ! »

« Je crus mourir de ma douleur, en revivant sans cesse la Passion du Christ, tordue que j'étais par les clous et la lance, les cordes et les bourreaux de Golgotha. J'appelais cette mort comme une délivrance, espérant par elle me réunir, me fondre au Fils de Dieu... Je languissais, je me consumais à vue d'œil.

« Alors j'eus une vision fulgurante qui m'exalta d'un coup au septième ciel et transforma tout mon être.

« Un soir, ne pouvant plus supporter la douleur du Christ, je m'endormis sous le chêne et tombai dans une léthargie profonde. Mais il se fit en moi une irradiation subite. La croix noire, la mer de sang et de souffrance furent balayées par un ouragan de lumière. Dans une gloire éclatante comme un soleil rayonnant, je vis le Christ ressuscité. Oh, la puissance de son regard ! Je m'étonnai de pouvoir supporter le glaive de sa force et la pointe de sa douceur. Il me dit : « En contemplant ma croix, tu as appris à aimer. En contemplant ce que je suis devenu, en voyant le Fils de Dieu ressuscité, apprends maintenant à te ressouvenir...O fille des druides, regarde avec des yeux dessillés ce que tu fus un jour... Redeviens Aïscha, la fille de l'Eternel ! »

« Je demeurai inerte et foudroyée. Tu me trouvas demi-morte d'émotion, incapable de proférer une parole. Je ne me souvenais pas encore de toutes mes vies antérieures. Leur longue série demeurait ensevelie pour moi dans une obscurité épaisse. Mais, d'un seul coup, la fulgurante vision m'avait fait remonter à la source céleste de mon être, à ma vie primitive dans le sublime Ether. Et celle-là je l'avais revue dans toute sa beauté limpide, dans son immaculée splendeur, sous le regard du Christ triomphant !

« Ah, mon père, que sont les paroles et les livres des sages, que sont les rites sacrés et les temples, qu'est la chute des siècles et la rumeur des peuples, qu'est tout le passé et tout l'avenir,

devant ces minutes éternelles, où la foudre de
la Vérité éclate dans nos cœurs ?... Je savais
maintenant que le Christ est le Fils du Dieu
vivant et qu'il était ressuscité. Car je l'avais
vu... il m'avait traversée... il était entré en
moi... Ne le possédais-je pas pour toujours ?
Et je savais aussi que j'étais redevenue pour
toujours Aïscha, l'Ame immortelle !

« Mais je ne disais rien, je ne pouvais rien
dire. Je te regardais muette, atterrée. Tu ne
pus m'arracher un seul mot. Comment aurais-
je pu exprimer alors ce que je venais de vivre ?
Et puis, j'aurais eu peur de rompre le charme
de mon rêve inouï. Mon silence enferma des
semaines de félicité divine, mais elle ne devait
pas durer. Insensée que j'étais ! J'avais cru
pouvoir ensevelir à jamais dans l'abîme du passé
le souvenir de mes autres vies. Il devait me
ressaisir d'une manière imprévue. Car maintenant vient ma grande épreuve.

VI

LE NOUVEAU LUCIFER

« Une nuit, je me glissai avant l'aube dans la
lande déserte. Tel était mon sentiment de félicité intérieure, que devant mes pas — ainsi pen-

sais-je follement — les ronces et les épines allaient se consteller d'une luxuriance de fleurs.

« Je marchai quelque temps vers l'aube grise, quand j'aperçus à l'horizon une strie rouge sang. Bientôt je vis un singulier pèlerin qui s'avançait à ma rencontre. Il avait les pieds nus comme les condamnés à mort. Une ceinture de cuir serrait sa chemise courte et misérable. Ses traits ravagés et puissants me firent tressaillir, car ils avaient pour moi quelque chose de connu et d'indéchiffrable. Le plus étrange était qu'entre ses deux mains étendues et rapprochées, mais dont les doigts ne se touchaient pas, flottait, comme une lanterne, une petite étoile d'or qui jetait sur sa route un halo de lumière. On eût dit qu'il priait avec ferveur et que la petite étoile, suspendue entre ses mains était la flamme de son cœur. Il s'arrêta devant moi en me fixant de ses yeux ardents et tristes, comme s'il attendait une parole de moi. Mais une indicible angoisse me serrait la gorge. Enfin il dit :

« — Tu ne me reconnais pas ?... Tu ne veux pas me reconnaître ?... Et pourtant il n'y a personne au monde qui te tienne d'aussi près... personne qui t'ait possédée comme moi... corps et âme... depuis l'auréole de ta chevelure jusqu'à ton cœur palpitant. Je suis Lucifer !... Ne te souvient-il pas que tu fus Lilith, son épouse?... et de

nos bonheurs inouïs du paradis terrestre?... Ah,
depuis que nous fûmes séparés par le glaive de
Mikaël, tu m'as oublié... Un voile noir est descendu entre toi et moi. Malheureuse, tu as
roulé d'incarnation en incarnation. Plus malheureux encore je fus précipité au fond des enfers,
lié au centre ténébreux de la terre. Mais moi je
n'ai rien oublié. Car là, je veillais, et du fond de
mes ténèbres je suivais tout le travail humain et
je souffrais toutes les douleurs de mes fils, les
hommes. Chaque fois que les peuples s'agitent,
le cercle du feu terrestre qui règne au-dessus
de moi s'agite aussi et lance ses flammes à la
surface par les fissures qui lézardent les entrailles du globe. Avec ces flammes, je m'échappe
de ma prison pour exciter le cœur des hommes.
Je leur ai soufflé le courage de lutter contre le
destin, la fierté de l'âme, le mépris de la mort,
l'enthousiasme qui brave les Dieux eux-mêmes...
Et toi aussi, ô Druidesse, tu as senti mon souffle. Tu ne savais pas que Teutatès c'était moi...
mais ma flamme t'a embrasée ! Tu ne savais pas
que dans tous ces héros, que suscitait ta voix ardente, c'était moi... moi partout, moi toujours que
tu cherchais... sans me trouver jamais !... Mais
maintenant j'ai reconnu mes fautes, j'ai vu ce
que les hommes ont souffert par moi, ce que
j'ai souffert avec eux... Cette petite étoile, jail-

lie de mon cœur, ma volonté créatrice, est l'étincelle divine que j'ai réveillée et tirée de mon martyre. Comme une lampe, elle éclaire mon chemin. Par elle je veux montrer aux hommes que Dieu est partout dans l'Immensité. Il ne s'agit que de le découvrir et de le désensorceler au cœur de l'homme comme au firmament. J'ai expié mes fautes, mais j'ai gardé en moi-même l'étincelle de ma divinité. Moi aussi j'ai été crucifié comme le Christ. De même qu'il a gardé sur sa croix son amour infini, j'ai gardé sur la mienne mon désir sans borne d'être et de savoir. Moi aussi je suis un Elohim, un fils de l'Eternel. Avec cette petite étoile, avec cette lampe merveilleuse, je veux unir tous les hommes et reconquérir mon Etoile au ciel, l'astre qui me fut destiné, la brillante Vénus, l'étoile du matin... Mais, pour que je le puisse, il faut, ô divine Aïscha, que tu me rendes ton amour sans réserve, ton amour d'autrefois !

« A ces paroles du Tentateur, je sentis monter, de mon cœur attendri à mes sens incendiés, tous les serpents et toutes les flammes de l'antique désir. Mais une pensée les refoula d'un frisson d'épouvante. Je répondis :

« — Oui, Lucifer, je me souviens... et je te reconnais... oui je fus la complice de ton désir... Mais entre nous règnent désormais l'abîme de ta chute et de la mienne. Entre nous se sont creusés des siècles de silence et de tortures. Souviens-toi de ce que tu répondis à Lilith au paradis terrestre lorsqu'elle voulut regagner son ciel. Tu lui dis alors : « On ne recommence pas la même vie, on ne nage pas deux fois dans le même fleuve ! » Aujourd'hui Aïscha te répond : « Jamais, jamais plus je ne pourrai t'aimer comme je t'aimais alors ! »

« Là-dessus Lucifer me lança un regard terrible et me répondit : « Retourne donc à ton Christ, moi je retourne à mon enfer... » A ces mots la petite étoile s'éteignit, le fantôme disparut et je me retrouvai seule dans les ténèbres de la lande. Affolée, je regagnai le Neimheidh, car je croyais entendre et sentir autour de moi le frôlement d'ombres innombrables qui me chuchotaient : « Aime-le pour nous sauver... car nous ne pouvons pas remonter sans Lui ! »

*
* *

« Les semaines qui suivirent furent pour moi les plus affreuses de ma vie.

« De même que l'apparition du Christ m'avait rendu le souvenir de ma vie céleste, de même celle de Lucifer me rendit la mémoire de toutes mes incarnations subséquentes. Tourmentée et fascinée, je ne me lassais pas de remonter la spirale vertigineuse de mes vies passées, comme un escalier tournant sans fin... Malgré moi, je revivais ainsi les ivresses coupables de Lilith, les terreurs glaciales de Séléna, les délires héroïques de Derwyda ! Et je m'aperçus que ces femmes que j'avais été palpitaient encore toutes dans les profondeurs de mon être. De le sentir, était à la fois une souffrance et une volupté étrange. — D'autre part je me figurais les souffrances solitaires de mon séducteur, supportées avec tant de courage. Elles excitèrent ma compassion et je découvris alors que malgré notre séparation (combien de fois millénaire ? je l'ignore) je n'avais pas cessé de rester liée à mon complice par les fibres secrètes de mon âme. Il n'avait pas cessé d'agir mystérieusement sur moi ; et moi, sans le savoir, j'avais agi sur lui. Car n'était-ce pas pour reconquérir mon amour qu'il avait réussi à rompre ses chaînes, à sortir de son cachot souterrain ? Comme il avait réussi à m'enflammer de courage et d'amour héroïque sous le masque de Teutatès !... Et n'était-ce pas lui encore que j'avais aimé dans l'étreinte d'un héros infortuné ?...

« O philtre empoisonné de l'infernal enchantement ! En moi s'insinua le désir de redevenir Lilith, de retrouver les transports dangereux du paradis terrestre, ces extases terribles et ces larmes délicieuses... Je me réfugiai dans la grotte de Teutatès, au pied du cap sauvage où grondent les vagues de l'Océan, espérant que là je verrais entrer comme jadis, au monde des Elohim, l'Archange vainqueur, sa torche à la main. Et là, je me serais donnée à lui sans remords et tout entière, au risque de nous perdre à jamais tous les deux !...

« C'est alors que, me croyant en péril de mort, tu vins me chercher dans mon repaire. Tu me trouvas frémissante et cramponnée au roc ruisselant encore de la bave de l'Océan. Si violent était mon désir, si forte ma palpitation d'attente, que je te suppliai de sortir pour me laisser seule avec la pensée de mon Daïmon... Mais à peine avais-tu disparu qu'au lieu de Lucifer je vis se dresser, à l'entrée de la grotte, la figure éblouissante du Christ. A côté de lui, je vis assis sur un roc un pâle fantôme, les bras liés de cordes, couronné d'épines, le corps parsemé de gouttes de sang, dans l'attitude où les chrétiens peignent le Fils de Dieu flagellé par les soldats de Pilate. Alors Jésus me dit : « *Ecce Homo*, voilà l'Homme ! Regarde-le bien, c'est ton Archange tombé... Toi seule peux le sauver... Mais, pour cela, il faut l'holocauste complet de toi-même. Cherche... et tu trouveras. »

« Pendant qu'il prononçait ces mots, d'une voix douce et solennelle, une telle fulguration émana du Christ que je crus en mourir. Je tombai sans connaissance sur les goémons léchés par la vague. »

*
* *

La Druidesse avait terminé sa confession. Le jour commençait à poindre sur la forêt. L'Archidruide, qui avait écouté les dernières paroles la tête basse, dit d'une voix attristée :

— Malheureuse fille ! cœur insatiable, visionnaire sans frein, âme sans mesure qui veut tout savoir et tout ressentir, je ne sais ce qu'il y a de vrai dans tes chimères, mais tu t'es jetée dans une voie funeste ; la faute en est à toi-même ! Pourquoi as-tu écouté saint Brandan ? En sais-tu mieux ce que tu vas dire aux chefs gaulois qui vont venir ici pour le sacrifice de Teutatès ? Ah, malheur à ceux qui déchirent imprudemment le voile des mystères !... La lumière divine les aveugle et les brise. Ils ne peuvent plus vivre sur la terre...

— Oui, malheur, soupira la Druidesse, malheur à ceux qui se plongent à perte d'haleine dans le passé et dans l'avenir... La destinée des prophétesses est de vivre pour les autres et non pour elles-mêmes. Autrefois la nostalgie des héros a dévoré mes jours, et déjà je succombais à ma tâche. Mais bien plus redoutable est la nostalgie des Dieux qui me consume... Maintenant ce sont deux Divinités qui luttent dans ma poitrine et se disputent mon cœur. A qui dois-je obéir ? Chacune me reprend tour à tour. Comment retrouver le Christ sans abandonner Lucifer ? Comment sauver Lucifer sans trahir le Christ ?

— Des présages sinistres sont venus, reprit l'Archidruide. Il y a trois jours, la foudre a fendu de haut en bas le chêne de Hu-Gadarn pendant un orage. Le sol a tremblé en trois secousses d'un bout à l'autre de la baie. On dirait qu'un grand tremblement de terre se prépare. Il faut, il faut résoudre l'énigme, il faut trouver la victime expiatoire...

— J'ai sommeil... je suis épuisée... murmura Derwyda. Mes visions s'effacent... les Dieux s'éloignent. Conduis-moi sous le chêne de Hu-Gadarn. Là je veux dormir trois jours et trois nuits. Peut-être que l'Ancêtre me dira ce qu'il faut faire pour sauver son peuple. »

Et la Druidesse chancelante, appuyée sur le centenaire qui la soutenait de ses bras tremblants, disparut aux premiers rayons du soleil, sous l'arche sombre de la forêt inextricable.

VII

LE SACRIFICE DE LA DRUIDESSE

Au v⁰ siècle, les Romains résolurent de détruire le dernier sanctuaire druidique ayant survécu à l'envahissement des cultes gréco-latins sous la protection des forêts armoricaines. Ils y furent poussés par les moines chrétiens qui leur persuadèrent que cette mesure leur vaudrait la faveur divine. Le refuge secret des druides fut détruit en effet à cette époque, non par les Romains mais par un accident cosmique. Car avant que la flotte romaine pût débarquer la légion chargée de cette mission, la baie de Plomor fut bouleversée de fond en comble par un formidable tremblement de terre. Le Neimheidh, les monuments gaulois et la flotte romaine disparurent sans trace dans le cataclysme avec les Druides et leur Druidesse. Les Romains firent le silence sur le désastre, de peur qu'il ne fût interprété contre eux par la superstition populaire. Les moines commencèrent par triompher et par déclarer que l'épouvantable sinistre était le jugement de Dieu sur l'ancienne religion de la Gaule comme sur tous les démons du paga-

nisme. Mais l'événement avait été accompagné
de faits si étranges, et le saint irlandais, qui
avait suggéré aux Romains l'idée de détruire le
sanctuaire, craignant d'être accusé d'avoir causé
la destruction de leur flotte, les moines et les
prêtres cessèrent, par ordre supérieur, de parler
de l'événement, qui, comme beaucoup d'autres
faits prodigieux et inexplicables, fut enseveli
dans un oubli total.

Voici cependant ce qu'un survivant du cataclysme, un *ovate* (ou sacrificateur au service des
druides) devenu le berger d'un monastère voisin, racontait cinquante ans plus tard à un voyageur venu d'Irlande pour visiter la côte. Ce récit s'est perpétué dans les traditions secrètes
d'Erin.

Dans ce cri d'agonie d'une religion expirante,
retentit, comme un écho lointain, le testament de
l'Ame celtique aux races futures.

RÉCIT DU VIEUX PATRE

DE LA LANDE DE PLOMOR A L'ÉMISSAIRE

DES BARDES D'ERIN

Vois-tu cet énorme rocher qui se dresse au milieu des bruyères ? Il a la forme d'un bélier monstre. Mon troupeau de chèvres y grimpe souvent pour se chauffer au soleil. Montons-y et regarde bien.

Derrière nous, la vaste lande hérissée de ronces était couverte jadis par la forêt druidique, où se dressait le chêne millénaire de l'ancêtre Hu-Gadarn. Les Romains ont brûlé l'immense forêt et les moines n'ont pu cultiver ce désert. Ils disent que c'est un lieu maudit. Là se trouvait le sanctuaire des druides. Un tremblement de terre l'a détruit. Les caps de Teutatès et de Bel-Héol se sont écroulés dans la mer au milieu d'un déluge noir, d'une effroyable tempête et d'un tonnerre souterrain plus horrible que toutes les foudres du ciel. Hélas, les druides et leurs dieux ne sont plus ! La forêt, le Neimheidh, le temple de Teutatès, les ovates, l'Archidruide et sa Druidesse, tout a disparu ! Maintenant ils sont tous pareils au duvet du chardon qu'emporte la tempête et que dispersent les vents. Moi seul j'ai survécu... par miracle... je te dirai comment. Mais je n'ose pas confier aux autres ce que je sais, car, les moines m'ordonnent de me taire. Ils disent que je suis un païen, parce que j'aime à me souvenir, parce que je suis hanté des fantômes et des voix de la lande... O toi qui crois aux signes du passé et aux signes de l'avenir... écoute ce récit des temps qui ne sont plus... et dont moi seul j'ai gardé la mémoire...

J'étais chez les druides l'ovate chargé de veiller aux sacrifices. L'Archidruide m'avait choisi à cause de ma jeunesse et de ma candeur. Je tremblais de devoir quelque jour manier le couteau du sacrifice sur quelque victime humaine (criminel ou prisonnier de guerre). Heureusement, depuis de longues années, aucune victime humaine n'avait été immolée sur l'autel de Teutatès dans l'îlot de la baie de Plômor. Les Romains avaient proscrit ce culte sanglant et les druides s'en étaient désaccoutumés. Les sacrifices humains avaient été remplacés par de grands feux allumés sur l'îlot consacré à Teutatès et par des parfums résineux versés dans le brasier en l'honneur de Bel-Héol. Par un moine du monastère de Saint-Brandan demeuré secrètement fidèle au culte de nos Dieux, j'appris un jour que, sur l'avis du saint, une légion romaine devait encercler la baie et menacer le sanctuaire de destruction pour empêcher la fête de Teutatès, au solstice d'été. J'en avertis l'Archidruide. Celui-ci le fit savoir aux chefs gaulois qui devaient assister à la fête. Ils décidèrent d'amener leurs clans armés pour défendre le Neimheidh contre les Romains. En même temps, ils réclamèrent le rétablissement de l'ancien usage. Une victime humaine devait être offerte en sacrifice à Teutatès. L'Archidruide déclara que ce sacrifice, pour être efficace, devait être accompli par une victime volontaire se dévouant au Dieu.

Druides et ovates, nous avions tous une foi aveugle en la Druidesse. Nous avions éprouvé sa magie et sa puissance prophétique. Elle nous offrait des breuvages philtrés d'une action merveilleuse et des baumes guérisseurs. Plus d'une fois, elle avait prédit des événements lointains et lu dans nos destinées. Elle nous semblait presque une déesse, et nous étions persuadés qu'elle sauverait notre nation et donnerait la victoire aux armes des Gaulois. Cependant, depuis un an, elle était devenue inquiète et silencieuse. Prévoyait-elle le grand désastre ? Elle ne nous donnait plus aucun oracle. Elle errait muette, inabordable, renfermée en elle-même. Je la suivais de loin, je l'épiais dans ses courses solitaires.

Une nuit, je me glissai jusqu'au chêne de Hu-Gadarn. L'arbre millénaire était presque sans feuilles. La pleine lune luisait entre son branchage tordu et dénudé. J'aperçus Derwyda endormie et à demi-couchée dans une cavité de l'écorce, à la base du géant de la forêt. A ce moment, je crus voir subitement une ombre gigantesque, dressée entre la Druidesse et la lune. Était-ce le tronc d'un chêne fracassé par l'orage ? N'était-ce pas plutôt l'ombre d'un grand ancêtre veillant sur la dernière des druidesses ? Mais l'ombre du guerrier tenait d'une main son bouclier et de l'autre sa lance. Tout à coup il me sembla que la grande ombre levait son bouclier, car il cacha la lune et la nuit noire se fit dans les bois. Ma curiosité fut plus forte que ma peur. Je m'approchai de Derwyda dont je distinguais à peine la robe blanche dans l'obscurité profonde. Je me penchai sur elle et je l'entendis murmurer : « Pourquoi suis-je oubliée sous mon chêne ? O mon divin Amant, ô mon Daïmon chéri, quand reviendras-tu, toi qui allumes tes cheveux au feu des météores et qui chevauches la tempête ?... » Un sanglot souleva sa poitrine et elle ajouta : « ... Mon âme ne sera tranquille que lorsque j'aurai brisé tes chaînes... » A ce moment la lune reparut tout à coup et son rayon tomba sur la face de la dormeuse. L'ombre du guerrier géant avait-elle écarté son bouclier, qui cachait le disque de l'astre nocturne ? Je ne sais, mais les armes suspendues dans les branches du chêne s'entrechoquèrent à grand bruit. Je poussai un cri, Derwyda se réveilla en clamant : « Qui es-tu, voix dans la nuit ? Qui es-tu dans les ténèbres ? » Et je m'enfuis épouvanté.

Je crus que la Druidesse allait perdre la raison. Cependant, lorsque Derwyda apprit que les chefs exigeaient le sacrifice d'une victime humaine, loin de s'en effrayer elle changea d'attitude et parut presque joyeuse d'un moment à l'autre. Sa fièvre fit place à un grand calme et son angoisse se changea en une certitude tranquille, qui semblait annoncer une résolution inébranlable. Elle nous dit : « Rassurez-vous, la Gaule n'est pas morte. Il se trouvera un Gaulois, un héros pour s'offrir en sacrifice à Teutatès. Il ne mourra pas, par le fer, mais par le feu sacré, par la flamme de Bel-Héol. Construisez un bûcher sur le dolmen qui s'élève dans l'îlot consacré à notre Dieu. Que ce soit un bûcher magnifique, couvert de branchages et de fleurs commé un lit nuptial, car un Dieu nouveau en sortira. »

*
* *

Il vint le grand jour, le jour effrayant, le jour de la catastrophe dont je suis le seul survivant, le jour d'un prodige qui me hante encore et dont je fus témoin.

L'Archidruide ayant refusé de livrer le Neimheidh au centurion romain, qui était venu dans une barque le sommer de se rendre, douze hauts vaisseaux romains, douze trirèmes aux poupes d'or, aux proues d'acier, aux voiles de pourpre étaient venues se ranger en demi-cercle autour de la baie, prêtes à débarquer la légion. On eût dit douze aigles, aux ailes sanglantes, prêts à fondre sur leur proie. Quelques navires gaulois, aux coques noires, aux voiles orangées, dissimulés dans les criques du cap Teutatès et du cap Bel-Héol, se tenaient prêts à l'attaque. Sur l'îlot, en face du Neimheidh, étaient groupés les druides, en robe blanche, couronnés de chêne, avec leur chef l'Archidruide centenaire. Au centre de l'îlot, derrière le dolmen, s'élevait comme une pyramide un immense bûcher. Les degrés du dolmen conduisaient au sommet, disposé comme un lit de ramures fleuries, de manière qu'on pouvait y monter facilement. Moi-même je me tenais près de l'Archidruide, à côté d'un trépied, supportant un réchaud où couvait un feu de charbons. Je tenais une torche de résine, pour l'allumer au réchaud et jeter la flamme dévorante dans le bûcher, quand la victime serait montée sur le brasier funèbre.

Dix chefs gaulois étaient debout d'un côté du bûcher, en face des druides. L'un d'eux prit la parole et dit: « Nous ne voulons ni des Romains, ni d'un César. Nous voulons la lutte contre les deux, afin que ressuscite l'ancienne Gaule. Mais pour nous concilier notre Dieu, offrons comme jadis un sacrifice à Teutatès ! Voici des prisonniers barbares dans cette barque... La Druidesse choisira la victime qui montera sur le bûcher. »

— Elle va venir, dit l'Archidruide, et elle choisira.

A ce moment, on vit sortir de la grotte du Neimheidh, les neuf prêtresses de Korydven, toutes vêtues de blanc et couronnées de verveine. A leur tête, Derwyda elle-même portait un collier d'or et une guirlande de fleurs à la ceinture, comme une épouse au jour du mariage. On était à marée basse. Le cortège suivit la chaussée qui mène à l'îlot et se rangea autour du dolmen transformé en bûcher.

Derwyda prit la parole et dit :

« — Gaulois qui voulez rester libres et fidèles à vos Dieux, écoutez la parole de celle qui a entendu leur voix et vu leur rayon tomber dans vos ténèbres. — Les Dieux sont immortels, mais ils suivent la ronde des siècles. Ils changent de face, comme les astres et les hommes. Ils s'éclipsent pour disparaître ; ils semblent mourir et renaissent avec de nouveaux visages. Le Verbe de l'Eternel, que vous nommez Ésus, est descendu sur la terre. Le vrai Fils de Dieu a paru parmi les hommes malheureux. Il est mort sur la croix et ressuscité dans la lumière de Bel-Héol. Vous devez le reconnaître et l'adorer, car il n'est pas de plus grand témoin de l'Eternel et il n'est point de salut sans son amour. Mais votre Dieu, Teutatès n'est pas mort non plus, comme beaucoup le disent. Son vrai nom n'est pas Teutatès, mais Lucifer, le plus beau des Archanges. Lié depuis des siècles dans les ténèbres, il expie ses fautes. Il est en votre pouvoir de délivrer votre Dieu et de vous délivrer vous-même, en lui rendant son flambeau étincelant. Mais pour cela, il faut que l'un de vous, un libre Gaulois, consente à s'offrir en holocauste et à monter sur ce bûcher !... »

A ces mots, des cris contraires sortirent des rangs des Gaulois et une violente dispute éclata dans leur groupe. Les noms du Christ et de

Lucifer, de Bel-Héol et de Teutatès s'y croisaient comme des brandons de discorde. Déjà ils tiraient leurs épées les uns contre les autres en se défiant.

Au même moment, le ciel s'obscurcit et la mer se couvrit de brume. Comme apportée par un vent magique, une barque bleue, aux blanches voiles, pareille à une colombe, passa entre les trirèmes rouges des Romains et s'approcha de l'îlot avec la rapidité d'une flèche. A la pointe de sa proue, était debout saint Brandan. Parvenu à portée de voix, le moine chrétien dit à la prêtresse gauloise :

— Malheureuse, à qui j'ai apporté la parole de l'Evangile, tu vas trahir le Christ en réveillant tous les démons du paganisme ! Il n'est pas d'accord possible entre le Christ et Lucifer, devenu le prince des ténèbres, à qui l'Eglise a donné le nom de Satan... Si tu veux te sauver, toi et ton peuple, renie tous les dieux et maudis Lucifer !

Les yeux de la Druidesse flamboyèrent, mais elle répondit d'une voix ferme et calme :

— Non ; je n'abandonnerai pas le grand Révolté, purifié par sa souffrance. O saint Brandan, sache-le, le Christ ressuscité m'est apparu vêtu de la lumière de Bel-Héol. Il a parlé à mon âme. Sous la splendeur de son regard, s'est

éveillé en moi le divin ressouvenir de mon existence première. A l'origine des temps, je fus
Aïscha, l'épouse de Lucifer. Commune fut notre
chute ; commune sera notre réascension. Lucifer
va rallumer son flambeau à son étoile... Ce nouveau Lucifer a une fiancée... et cette fiancée
c'est moi !

— Blasphématrice ! Prophétesse sacrilège !
s'écria saint Brandan. Rétracte tes paroles, sinon
des malheurs sans nom tomberont sur ta race
et tu partageras les peines éternelles avec ton
complice !

— Apôtre implacable d'un Dieu d'amour, reprit
Derwyda, tes menaces ne m'effrayent pas. Au
nom même du Christ, je sauverai Lucifer. Nous
remonterons ensemble de l'Abîme, et des milliers
d'âmes nous suivront !

— Le Christ, dit saint Brandan, a eu des milliers de martyrs qui sont morts pour lui joyeu-
sement. Parmi tes Gaulois s'en trouvera-t-il un
seul qui consentirait à mourir pour Lucifer ?

Ébranlés par les paroles du saint, les chefs
restèrent muets et consternés.

— Tu le vois bien, dit saint Brandan, ils ne
veulent pas. Ils ne croient plus à leur Dieu !

D'un regard circulaire, Derwyda parcourut le
groupe des chefs impassibles, puis, allant de
l'un à l'autre, elle les objurga d'une prière muette.

Sa poitrine haletante se soulevait à grandes ondes. Tour à tour, ses yeux d'outremer ruisselaient de larmes ou lançaient des lueurs étranges. Ses regards suppliants semblaient vouloir communiquer tout son feu intérieur aux chefs indécis. Tout à coup elle tressaillit et s'écria, comme sous une illumination subite, en se retournant vers saint Brandan :

— Eh bien, ce qu'ils n'osent pas, je l'oserai... Ce bûcher sera mon lit nuptial. C'est ici que mourra la Druidesse et qu'Aïscha célébrera ses noces nouvelles avec son Dieu. Écoutez bien, vous tous. La victime que vous demandez... l'holocauste... c'est moi !

Ce disant elle s'élança vers le dolmen et, gravissant ses marches gagna, en quelques bonds, le sommet du bûcher.

— Pas toi, mais nous ! Tous nous sommes prêts à mourir pour toi, si tu le commandes ! s'écrièrent d'une seule voix les dix chefs en brandissant leurs épées.

Mais, déjà ensevelie et presque invisible dans son lit de ramures, Derwyda clamait : — Trop tard ! trop tard ! Maintenant je le sens, je le sais, je le vois... O Lucifer, il faut qu'une femme ait le courage de mourir pour toi, afin que tu ressuscites dans ta beauté première !...

Pendant cette scène, le ciel orageux était de-

venu tout noir, et la mer déjà houleuse avait
grossi. Aux dernières paroles de la Druidesse,
la barque merveilleuse de saint Brandan s'était
enfuie aussi rapidement qu'elle était venue. En
un clin d'œil je la vis disparaître comme une
mouette éperdue, chassée par la tempête.

Jusque-là l'Archidruide était demeuré immobile comme le tronc ébranché d'un hêtre, couvert de mousse blanchâtre. Mais alors, après
avoir élevé ses deux bras décharnés vers le bûcher, le vieillard centenaire s'écria avec force,
comme si, à sa dernière heure, l'enthousiasme de
la jeunesse était venu le ressaisir:

— Les destins s'accomplissent... Impossible
d'arrêter la roue du temps qui se précipite en
bondissant aux flancs de la montagne. Je ne te
dis pas adieu, fille chérie de mon rêve, ô com-
pagne de ma vie. Car je vais périr avec toi dans
le feu purificateur et secouer mon vêtement de
chair! — Les vieux Dieux, qui règnent dans le
cercle d'*Abred*, vont être vaincus par ceux qui
descendent du cercle de *Gwynfyd*. Ceux d'en
haut rayonnent avec le nouveau Dieu solaire;
ceux d'en bas se retirent dans les éléments. —
Mais toi, Derwyda, transfigurée par ta mort et
purifiée par le feu sacré de ton sacrifice, tu deviendras l'Ame occulte, le Génie tutélaire d'un
peuple nouveau mêlé de sang gaulois qui saura

brandir le flambeau de Lucifer pour le Christ ressuscité ! — Un jour, la Druidesse reparaîtra dans le monde sous le nom de Gwynféa, la fée du divin Ressouvenir et célébrera en ce lieu même ses noces nouvelles avec Lucifer, qui aura reconquis son étoile ! — Et maintenant, allume-toi, Feu sacré, qui dévores tout ce qui est périssable et transfigures tout ce qui est éternel. Et vous, Eléments primitifs, déchaînez-vous ! Sur l'aile de la tempête, je vais rejoindre les Ancêtres !...

En parlant ainsi, l'Archidruide m'arrache la torche, la plonge dans le réchaud et la jette flambante dans le bûcher. Lui-même s'assied sur les marches de la pyramide qu'une grande flamme enveloppe comme un serpent. Bientôt le bûcher, de la base au sommet, n'est plus qu'un immense brasier. Quand les flammes atteignent le lit de verdure, il en sort un cri terrible. C'est le cri d'agonie de la Druidesse, étreinte par une robe de feu. Mais bientôt le sanglot de douleur se change en une plainte mélodieuse, comme celle des harpes suspendues aux chênes, qui gémissent sous le vent d'orage.

Me trompai-je alors ? mais il me sembla que je vis un génie ailé et resplendissant emporter une femme endormie hors des flammes et de la fumée.

Cependant à la lueur du sinistre sacrifice, j'avais entendu les troupes gauloises donner le signal de l'attaque et je vis un instant les vaisseaux noirs des Gaulois s'élancer sur les trirèmes rouges des Romains. Mais le combat naval, commencé sur l'Océan courroucé, n'eut pas le temps de se donner carrière. Il fut interrompu par la lutte autrement formidable des éléments. Je vis de gros vaisseaux submergés par des vagues énormes. Le ciel était devenu noir comme la poix. Des éclairs jaunâtres le sillonnaient. La foudre grondait dans les nuages. Mais un rhombe plus effrayant encore se prolongeait dans les profondeurs du sol et le soulevait par secousses. C'était le tremblement de terre. Impossible de rien voir et de rien entendre dans la fureur concentrée de tous les éléments. On eut dit que la terre voulait enfanter une terre nouvelle et que l'Océan voulait la dévorer. J'eus encore la force de voir s'approcher, comme un mur épais, le gigantesque raz de marée qui devait tout engloutir, vaisseaux, druides, chefs gaulois avec leurs clans armés, et submerger la plage avec le sanctuaire. Alors je fermai les yeux. Peu après, je me sentis emporté par une masse liquide et projeté sur un arbre de la forêt. J'y restai cramponné les longues heures de la nuit. Vers le matin les secousses du sol cessèrent et la tempête s'apaisa subitement. Alors je m'enfuis, à travers bois, par delà la lande, dans un village, où je fus recueilli par des laboureurs. Mais trois jours après, vers l'aube, je revins sur la falaise. A peine pus-je reconnaître la plage. Tout était bouleversé. Les caps de Teutatès et de Bel-Héol s'étaient effondrés dans la mer, le Neimheidh avait disparu et le temple du sacrifice n'était plus qu'un écueil sauvage au milieu des flots.

Je remerciai les Dieux de m'avoir conservé la vie, dans l'effrayant fléau. Je songeais à la mort cruelle et au sort incompréhensible de la Druidesse, disparue sans trace avec les druides et leur sanctuaire. Ma tristesse s'épancha en un torrent de larmes... Je pleurai longtemps... et je pleure encore tous les soirs et tous les matins... soit que Mars se plonge avec sa torche rouge dans la brume orangée de l'horizon, soit que Jupiter monte dans le ciel comme un soleil d'or, soit que les Pléiades brillent seules au zénith, ... O voyageur, qui regardes le soleil se coucher sur ma lande paisible, qui as bu l'eau de ma source et qui t'es réchauffé à mon feu, croirais-tu que ces choses effrayantes se sont passées ici, il y a un demi-siècle ? Tu en doutes peut-être. Moi-même je me demande parfois si je ne les ai pas rêvées, dans les sommeils qui entre-

coupent mes longues insomnies, où je m'efforce
en vain de compter les étoiles. Et pourtant elles
sont vraies ces choses terribles et merveilleuses,
car je les ai vécues... Ah, je t'en supplie, n'en
dis rien aux moines quand tu iras au monastère.
Car, s'ils savaient que je te les ai dites, ils me
chasseraient d'ici et m'empêcheraient de finir
mes jours sur la lande où fut le Neimheidh des
Druides... Mais quand tu seras de retour dans
ton pays... par delà la mer... dans l'île d'éme-
raude... dans la verte Erin... conte aux bardes de
là-bas l'histoire du vieux pâtre d'Armor... qui
se souvient des temps qui ne sont plus... et ne
peut pas oublier...

ÉPILOGUE

GWYNFÉA

OU

LE MYSTÈRE DU DIVIN RESSOUVENIR

(Vision des temps futurs).

Ce ne fut qu'un rêve, mais un rêve vivant et radieux, une vision rapide des temps futurs. Elle m'entraîna, en un clin d'œil, jusqu'au bout de la course éperdue des siècles qui nous emportent tous et changent d'âge en âge la face du globe. Elle rayonna un instant... puis disparut.

Et ce fut une autre terre et un autre horizon.

En songe je revis la plage de Plomor, mais combien diverse était sa figure de ce qu'elle avait été jadis !... et... diverse de ce qu'elle est aujourd'hui !...

Au lieu des falaises abruptes de la baie, je vis un ensemble de constructions majestueuses, disposées en demi-cercle. Superbes propylées, terrasses couronnées de larges ombrages. Au lieu du chaos des rochers entassés pêle-mêle, de larges escaliers descendaient dans les flots. A droite, sur un promontoire, le temple du Christ solaire : coupoles et colonnades. A gauche, sur un autre, le temple des héros : colonnades et tours. Partout des mâts aux longues banderoles. Et sur les escaliers, sur les terrasses, sous les grands arbres, des groupes d'hommes et de femmes, en vêtements de fête, aux couleurs variées, dont le noir est banni. Les uns assis, les autres debout. Les uns jouant de divers instruments, les autres se mouvant en figures d'une grave eurythmie. Car les danses sacrées sont redevenues ici des élévations, des prières magiques. Quelquefois des rires cristallins fusent dans l'air et retombent en cascades joyeuses. Ailleurs des voix suaves entrecoupent les silences pensifs de mélodies rêveuses. Appels d'amour, soupirs d'attente, sanglots d'espérance.

La mer d'un bleu foncé est calme, doucement émue de vagues amoureuses. A quelque distance de la rive, sur un îlot de granit rose, s'élevait un temple circulaire à douze colonnes, couvert d'une rotonde. Ses colonnes d'opale diaphane semblaient faites d'eau cristallisée ou d'écume transparente. Toutes les couleurs de l'arc-en-ciel s'y jouaient tour à tour.

C'était un soir limpide. De rares étoiles poin-

taient dans le ciel. Un seul homme était debout
au seuil de la rotonde. Il avait les traits de l'Archidruide rajeuni ; barbe fauve, ceinture et tiare
d'or. C'était apparemment l'hiérophante du petit
temple de l'île. Car il portait le sceptre ailé
d'Hermès aux deux serpents entrelacés, le sceptre dont les deux spirales règlent l'incarnation
et la libération des âmes. Sa voix, d'un accent
grave et doux, s'éleva et retentit au loin. Car,
par une sorte de sympathie, l'air pur, élastique
et frémissant la propageait jusqu'aux extrémités
de la baie en ondes sonores.

LA VOIX DE L'HIÉROPHANTE

« C'est ici le temple du divin ressouvenir, où
s'accomplissent les métamorphoses de l'Esprit
et où se célèbrent d'âge en âge les noces mystiques de Lucifer et d'Aïscha. C'est ici que s'opère,
sous leurs auspices, l'incantation des âmes quand
elles descendent sur la terre et leur libération
quand elles reprennent leur essor vers les plages
éternelles. Il y a de longs siècles, la Druidesse
monta ici même sur le bûcher du sacrifice pour
le salut de l'Archange tombé. Lucifer put rejoindre avec Elle son étoile et y rallumer son pur
flambeau, mais bientôt sa libératrice rejoignit le

Christ solaire pour y retrouver son *Awen*, son génie primitif, et revêtir toute la splendeur d'Aïscha. Car elle était devenue plus forte après toutes ses épreuves. Maintenant les deux époux vont se retrouver sur terre pour une mission nouvelle. Que ceux qui ont des yeux pour voir les mystères, regardent. Que ceux qui ont des oreilles pour les entendre, les ouvrent. Car un âge nouveau commence pour l'humanité. »

L'hiérophante qui tenait le sceptre d'Hermès n'avait pas cessé de parler que, du fond du firmament, je vis s'approcher deux astres brillants. Je crus d'abord que c'étaient deux petites étoiles, mais elles grandirent rapidement et, lorsqu'elles s'arrêtèrent au même instant, elles brillaient comme deux soleils. De son centre incandescent, l'astre inférieur dardait cinq rayons. L'autre ressemblait à notre soleil, mais, d'une substance plus éthérée, il s'irradiait en trois auréoles qui semblaient épandre au loin sa plus subtile essence. A son centre, trônait un être sublime, que je pris pour le Christ, ceint comme d'une couronne de ses Archanges.

Deux rayons des astres jumeaux tombèrent en même temps sur le temple de l'île, qui apparut dans une lumière éclatante. Aussitôt j'aperçus, à l'intérieur de la colonnade, l'Archange Lucifer debout avec son flambeau. En face de lui, de l'autre côté de l'autel, se tenait une femme d'une beauté merveilleuse, qui semblait la prêtresse du lieu. Elle portait dans sa main droite une coupe de cristal où reluisait un liquide doré. Entre eux, sur l'autel, s'élevait, immobile, une flamme mince, haute et blanche. Le dialogue suivant parvint à mon oreille.

LUCIFER

Enfin, mon Aïscha, je descends de mon Étoile reconquise, pour célébrer à nouveau avec toi mes noces éternelles. Nous avons beau nous séparer et vivre en d'autres mondes, nous sommes sûrs de nous retrouver un jour. C'est par mon désir que tu es descendue dans le gouffre des générations ; c'est en te voyant souffrir, aimer et grandir que j'ai conçu l'espoir de remonter moi-même à mon trône du firmament. La petite étoile jaillie de mon cœur témoigne de ma foi en mon étoile inextinguible. Ce fut ma volonté souveraine, illuminée par mon amour pour toi... Par ton sublime sacrifice, j'ai pu reconquérir mon étoile dans le ciel... Tu souris... tu ruisselles de lumière en m'écoutant... D'où te vient cette beauté, cette force nouvelle ?

GWYNFÉA

O Lucifer, je descends du soleil des purs esprits, où trône le Christ pour m'unir à toi dans une mission sainte. Je ne suis plus Aïscha la vagabonde de l'Ether ; je ne suis plus Lilith à l'âme voilée par l'ivresse des sens ; je ne suis plus Séléna, la triste prêtresse de la Lune ; je ne suis plus la Druidesse qui prophétise sous le chêne. Mon nom est Gwynféa, car je reviens des sphères de Gwynfyd, où règne la félicité divine, pour la verser aux hommes. J'apporte aux âmes la coupe du divin ressouvenir qui leur rouvrira les routes du ciel. Mais c'est toi que je cherche chaque fois que je quitte la splendeur du Verbe et de l'Amour éternel pour m'approcher d'un monde à créer. Car c'est en te voyant souffrir et lutter que j'ai appris à me connaître. C'est à la torche de ton enthousiasme que s'est allumée mon âme... Avec elle je suis descendue... avec elle je veux monter sans cesse dans l'immense firmament !...

Une immobilité intense, un silence solennel enchaînait les corps et les âmes des spectateurs de cette scène, comme si la fleur secrète de leur être allait s'épanouir devant elle et faire éclater l'énigme des choses. Les deux météores, l'Etoile de Lucifer et le Soleil du Christ brillaient d'une force égale et couvaient de leurs rayons croisés le couple debout dans le temple. En les désignant de son caducée, l'hiérophante reprit la parole.

L'HIÉROPHANTE

« Tout à l'heure se dévoilera le mystère des âmes qui descendent du ciel pour s'incarner sur la terre et celui des âmes des morts qui cherchent à regagner les sphères d'en haut. Mais avant d'en repaître vos yeux, contemplez le mystère de l'Amour terrestre et divin, cet aimant du ciel et de la terre, dans son foyer incandescent. Le couple ressuscité de l'Archange et de la radieuse Gwynféa se regardent par-dessus l'autel. Ils ne se touchent pas, et pourtant ils sont fondus l'un à l'autre par le souffle et le regard. Ils sont les deux pôles de l'Amour dont la flamme pure jaillit de l'autel, sous l'intense vibration de tout leur être. Dans le flambeau de Lucifer vont s'embraser les âmes héroïques qui brûlent du désir de s'incarner sur terre. Dans la coupe de Gwynféa vont boire les âmes des morts qui veulent regagner le ciel après les souffrances de la terre. Regardez maintenant le baiser de la coupe et du flambeau où se rencontrent le mystère de l'incarnation et celui de la résurrection. »

GWYNFÉA

(tend sa coupe par-dessus l'autel)

« Je t'offre le vase de l'antique sagesse, la coupe du divin Ressouvenir, le vase Azevladour. Toute mon âme vit dans sa douce liqueur. Je te la tends comme une bouche, afin que ton flambeau s'y abreuve et y apaise son désir. »

LUCIFER

(tend sa torche par-dessus l'autel.
La flamme se recourbe comme
le col d'un cygne et se plonge
dans la coupe).

« O Gwynféa, dans ta coupe céleste j'assouvis le désir d'un million d'années et j'allume l'espérance d'une éternité ! »

Au contact de la coupe et du flambeau, une flamme blanche jaillit de la liqueur du vase Azevladour et illumina les douze colonnes translucides du temple. Au même instant, une fusée rouge cramoisi descendit de l'astre de Lucifer. Et je vis, comme un essaim de phalènes qui se jettent dans la flamme, des milliers d'âmes se précipiter dans la torche de Lucifer, tourbillonner dans la fumée et puis se disperser sur la terre. D'autre part, un peuple d'ombres, accourues de toutes les plages, se mirent à voltiger autour de Gwynféa et vinrent boire dans sa coupe l'oubli des maux terrestres et le ressouvenir de leurs vies célestes.

Or voici qu'à côté des âmes claires et transparentes, il en vint d'opaques et de ténébreuses, souillées de tous les crimes, bariolées de taches comme des salamandres. Elles se heurtaient aux colonnes du temple comme des chauve-souris sans pouvoir y entrer. De véritables nuages de démons les suivirent. Si grande devint leur masse, que le temple, la plage et la mer disparurent sous leur houle. Un rhombe pareil à un tremblement de terre se fit entendre sous le sol, et la vague monstrueuse des ombres et des démons clamait : « Démolissez le temple ! Déracinez sa base ! Abattez tous les Dieux ! C'est nous les seuls maîtres ! »

J'entendis sonner les trompettes de combat et des cris d'alarme partirent des terrasses.

Mais subitement une fulguration partit du soleil éthéré où trônait le Christ. Sous son rayon, la fumée noire qui avait tout enveloppé se déchira et disparut comme une brume chassée par le vent. Le temple d'opale reparut avec le couple rayonnant. La clarté surnaturelle et le silence attentif se refirent sur la plage, sous la lumière intense et douce qui tombait des deux astres. Entre eux s'éleva, dans le ciel limpide, une spirale argentée d'âmes lumineuses. Tout à coup je m'aperçus que le temple du Ressouvenir était vide et que le couple divin, enlacé maintenant dans une pose majestueuse, était emporté par l'essaim des âmes qu'avait attirées la prêtresse. Aussitôt les deux astres se retirèrent parallèlement comme ils étaient venus, d'un mouvement rapide, dans les profondeurs du firmament. Bientôt ils ne semblèrent plus que de lointaines étoiles. Mais Lucifer et Gwynféa, suivis de leur comète d'âmes, montaient toujours vers ces astres.

*
* *

Alors ma vision pâlit, mon rêve s'effaça. Le temple et son cadre, la plage et les spectateurs, la mer et le ciel, tout se dilua. Et je n'entendis plus que des voix divines et des chœurs qui semblaient venir de partout, se succédant et se mêlant en une vaste symphonie, comme l'encens d'une prière et comme les vibrations de l'Ether, où la lumière devient sonore et la voix lumineuse.

CHŒUR

Sur la terrasse du temple du Christ.

Gloire au soleil, où trône le Christ !
    O source de splendeur
    Qui bouillonne d'amour...
    O toi, le jour des jours !...
    Du divin sacrifice
    Jaillit toute justice...
    De son cœur frémissant
    Sort un fleuve de sang
Qui transfigure toute vie,
En flots d'amour et de félicité
    Regardez le soleil du Christ
Vous qui montez vers l'éternelle vérité !

CHŒUR

Sur la terrasse du temple des Héros:

Gloire à l'astre de Lucifer,
    Qui verse le Désir
    Du Zénith au Nadir !...
    De son cœur fulgurant
    Jaillit tout songe ardent,
    Le courage de vivre,
    De vaincre et de mourir,

Le glaive de la volonté
Et les trophées de la victoire !...
Regardez l'Etoile de Lucifer,
        Vous qui voulez descendre
        Dans l'arène de gloire !

Chœur des Initiés

        Ombres humaines,
...Ballottées sur vos barques
        Entre mille écueils,
        Sur l'océan des peines,
        Contemplez en passant
        Le mystère de Dieu
        Qui révèle l'Amour
        De l'Homme et de la Femme,
        Au temple pur,
Sur la mer d'opale et d'azur.
Ramassez-vous pour devenir !
Ressuscitez par le divin Ressouvenir !
        Frères et sœurs, couples élus,
        Aimez-vous, afin que les Dieux
        Féconds et radieux,
        Pour ce divin mystère
        Descendent sur la terre !

CHOEUR DES FEMMES VOYANTES

Gloire à Lucifer ! Gloire à Gwynféa !
Ils montent, voyez,
Ils montent soulevés
Par leur brillant cortège,
Couplé aux blancheurs de neige,
Que suit la comète des âmes
Aux ailes de flammes !...
Laissez tomber la honte avec la peur
Dans le gouffre d'horreur ;
L'injure et la souillure,
La faute avec le crime
Dans la nuit de l'Abîme...
Paix et lumière aux régions profondes...
Et gloire à l'Amour, vainqueur des trois mondes !

LA VOIX DE L'HIÉROPHANTE

Dans le couple parfait, où l'univers s'enflamme,
Contemplez et buvez le mystère de l'Ame !
Captive en la matière,
Son aile se libère,
Loin de son corps meurtri,
Devant la fulgurante étreinte de l'Esprit !
Et le Ciel et la Terre
S'entraînent au mystère
De leur communion.

> Suivez, ô nations,
> Le cortège des Dieux,
> Le chemin radieux,
> Qui, par-dessus l'espace
> Et le gouffre rapace
> S'en va de vie en vie,
> A la grande Patrie,
De résurrections en résurrections !

Barr (Alsace), Septembre 1919.

LES ÉTAPES OCCULTES

DE L'AME FRANÇAISE

> La France est désormais maîtresse
> de ses destinées. La synthèse de son
> passé lui dicte son avenir.

I

I

LES ORIGINES ET LE MOYEN AGE

Dans ces deux études mon dessein est de parcourir à vol d'oiseau les étapes occultes de l'âme française, depuis son origine jusqu'à nos jours... En me risquant à cette aventure hasardeuse, mon espoir est de nous former une idée claire du rôle de la France dans le passé et de sa mission future dans le monde.

Dans ce rapide voyage, l'Ame Celtique, que je considère comme le plus profond arcane de la France, nous donnera à la fois le fil conducteur et le flambeau indispensable pour nous orienter dans le labyrinthe compliqué de sa tumultueuse histoire.

Ce projet m'effraye, je l'avoue, par sa complexité et sa hardiesse, mais il s'impose à moi par la gravité de l'heure historique que nous traversons.

Jamais la conscience française n'a éprouvé un besoin plus impérieux de trouver sa propre formule qu'après la secousse profonde de la grande guerre qui a bouleversé l'humanité dans ses fondements. En agrandissant ses horizons, la victoire elle-même a provoqué des questions effarantes. Le problème national est désormais inséparable du problème mondial. Les difficultés politiques se relient de plus en plus aux principes moraux et intellectuels. Les formidables épreuves de l'histoire réclament à grands cris les solutions religieuses et métaphysiques. Le moment paraît donc bien choisi pour étudier l'âme française à sa source première et dans tout son développement — afin de définir son plus haut idéal.

Tout le monde sait que la nation française, tant au point de vue ethnique qu'au point de vue intellectuel et moral, se compose de trois éléments très distincts et qui cependant se sont fondus en un tout organique, au cours de son histoire : 1° *l'élément celte et gaulois,* qui constitue le fond primitif de la race ; 2° *l'élément gréco-latin,* qui s'est imposé à elle par la conquête romaine de la Gaule ; 3° *l'élément germanique,* entré dans son sang par l'invasion franque. Ces trois éléments sont d'égale importance pour l'alliage et la frappe du génie français, mais j'espère vous démontrer, au cours de cette causerie, que si la race franque y prend la place du *corps vigoureux* et en quelque sorte de l'ossature, si le génie latin y joue le rôle de *l'intellect et de la raison régulatrice*, le génie celtique y assume celui de *l'âme profonde, de l'âme inspiratrice et créatrice*. Elle constitue donc, à proprement parler, ce qu'elle a de plus intime, sa personnalité originale, sa vraie individualité.

Car c'est d'elle que lui viennent ses Idées-Mères et ses Principes directeurs.

LA RELIGION ET LA PHILOSOPHIE DES DRUIDES

Pour nous en assurer, jetons un coup d'œil sur ce que fut dans l'histoire la race celtique et cette mystérieuse religion des druides qui se dérobe à nous dans l'épaisseur de ses forêts. Ces Celtes redoutables, ces Kymris dont parle déjà Homère sous le nom de Cimmériens (car c'est chez eux qu'Ulysse va évoquer les morts) firent à la fois la terreur et l'admiration du monde antique. Sous le choc formidable de leurs invasions, Romains et Grecs tremblèrent pour leurs temples et commencèrent à douter de l'éternité de leurs dieux. Strabon distingue finement les deux traits du caractère gaulois : d'une part le courage, le goût de l'aventure, l'impétuosité irréfléchie de l'attaque ; de l'autre, cette puissance de sympathie qui aime à prendre le parti des faibles, qui, jointe au courage, produit l'élan héroïque et qui, tournée au dedans par la contemplation, deviendra plus tard, en hypostases successives, le rêve, la clairvoyance et le sens prophétique.

Tels sont, dès ses débuts dans l'histoire, les deux pôles du génie celtique, son pôle masculin et son pôle féminin.

Mais quelle est la religion qui se cache derrière cette race remuante et cherche à gouverner ses impulsions natives par une organisation hiérarchique et unitaire ? Les Druides semblent avoir constitué parmi les Gaulois non seulement une aristocratie mais une race à part, une véritable sélection d'initiés. Le druidisme n'est pas né en Gaule. Il y fut importé par les Kymris, venus de la Grande-Bretagne.

C'était une race sœur des Galls, parlant la même langue, mais plus haute de taille, blonde, au crâne oblong et d'un caractère grave. Aux peuples de la Gaule, qui, dans ce pays de forêts et de marécages, occupaient des bourgades de bois au bord des fleuves ou au sommet des montagnes, les prêtres des Kymris, vêtus de lin blanc et couronnés de feuilles de chêne, surent imposer des rites, des croyances et des dieux nouveaux, avec une organisation religieuse qui comprenait la Gaule entière, des Alpes à l'Océan Atlantique et des Pyrénées à la mer du Nord. Les assemblées générales des peuples gaulois se tenaient sous la surveillance de l'Archidruide, chez les Carnutes, au centre de la Gaule. On y voyait alors un lac sacré avec un temple, dont l'étrange et puissante cathédrale de Chartres occupe aujourd'hui l'emplacement. Les innombrables statues et les colonnettes serrées, qui se hérissent aux flancs des tours, semblent encore imprégnées de la terreur sacrée qui remplissait les forêts sonnantes de la Celtide. Ce lieu était le Delphes des Gaulois, sanctuaire et tribunal suprême. Car les fonctions à la fois religieuses et juridiques des druides ressemblaient à celles des Amphictyons dans la Grèce antique.

Il n'y a qu'une voix dans l'antiquité gréco-latine pour vanter la sagesse des druides, leurs connaissances en astronomie, en botanique, en médecine et dans la science augurale. On les plaçait très haut comme savants, comme moralistes et comme penseurs spéculatifs. — Ces témoignages viennent des premiers hommes de l'antiquité, philosophes, orateurs, historiens, hommes d'État, naturalistes, voyageurs et poètes. Ils se nomment Aristote, Cicéron, César, Pline l'Ancien, Strabon, Lucain, Plutarque, etc. Ce qui ressort indubitablement de ces témoignages, c'est qu'au-dessus de la religion populaire les druides cultivaient une philosophie profonde, qu'ils enseignaient sous le sceau du secret à une élite de la jeunesse aristocratique, convoquée à époques fixes sous les ombrages de leurs retraites forestières. De peur d'être divulgué aux profanes leur enseignement était purement oral. Les druides connaissaient l'écriture grecque et latine, mais ne se servaient pour fixer leurs dogmes que de signes hiéroglyphiques gravés sur l'écorce des bouleaux ou sur des bâtons de houx, signes appelés *rhyns* ou *runes* et qu'eux seuls ou leurs disciples pouvaient comprendre.

Quelle était donc cette religion ? Nous ne la connaissons pas directement, mais nous pouvons la reconstituer dans sa profondeur crépusculaire comme dans sa hauteur vertigineuse, grâce à la tradition bardique. Les bardes de la Bretagne française, comme ceux du pays de Galles, de l'Irlande et de l'Écosse furent les héritiers naturels, les successeurs légitimes des druides. Malgré la conquête franque ou anglo-saxonne, malgré leur conversion au christianisme, ils conservèrent pieusement les Idées-Mères de la sagesse druidique. On le vit bien quand *l'Archeology of Wales* publia pour la première fois les triades bardiques en langue celtique et qu'un savant genevois, Adolphe Pictet, les traduisit en français avec un remarquable commentaire dans un petit livre intitulé le *Mystère des Bardes* [1].

—————
1. Genève, 1853.

Pour qui sait lire et comprendre ésotériquement, cette plaquette est une révélation éblouissante. Une philosophie grandiose, aussi différente du christianisme officiel que des superstitions populaires, s'y dessine en quelques points lumineux, dont les rayons ouvrent au loin de vastes perspectives. Elle rappelle les superbes cosmogonies orientales de l'Inde et de la Chaldée, de la Perse et de l'Egypte. Et cependant, en nous transportant du coup dans les plus profonds arcanes de la Théosophie, elle y infuse une hardiesse surprenante, un esprit essentiellement celtique et occidental et par-dessus tout un optimisme final où s'exprime sa foi indomptable en la puissance sans limite de la volonté.

Le principe supérieur et synthétique de cette cosmogonie et de cette psychologie s'annonce déjà dans la forme même que revêt l'enseignement druidique et bardique.

Ce principe est l'idée de cette trinité universelle, mystique et souveraine qui constitue l'armature et la quintessence de tous les mondes, trinité dont les trois cercles peuvent, par concentration ou par extension, se ramasser jusqu'à l'infiniment petit ou s'étendre jusqu'à l'infiniment grand, et qui saisissent à la fois dans leur étreinte la divinité, l'univers et l'homme.

La forme verbale en est *la triade*. Les druides avaient l'habitude d'enseigner leur philosophie en courtes sentences qui se groupaient trois par trois.

C'était d'abord un moyen mnémo-technique, mais c'était, comme nous le verrons tout à l'heure, bien plus encore.

Généralement la première idée était d'ordre métaphysique, la seconde d'ordre moral, la troisième d'ordre physique. Ceci provenait d'une raison profonde.

Les druides savaient que tout se correspond et s'emboite dans le monde divin, comme dans le monde humain et dans le monde naturel, qu'en réalité ces trois mondes n'en forment qu'un seul, puisque les choses y procèdent par séries analogiques, se commandent et s'engendrent les unes les autres.

La méthode et l'instrument de leur doctrine contenait donc déjà le principe et le cadre de leur enseignement.

Diogène de Laërce nous a conservé une de ces triades. Voici les trois préceptes qui constituent, selon l'auteur grec, le fondement de la morale druidique.

« Adorer les dieux. — Ne rien faire de mal. — Pratiquer la bravoure. »

On voit que le premier de ces commandements (la foi en Dieu) se rapporte à l'esprit, c'est-à-dire au monde divin ; le second (l'abstention du mal) à l'âme, c'est-à-dire au monde humain ; le troisième (le courage) au corps, c'est-à-dire au monde naturel.

Donnons maintenant un coup d'œil à la cosmogonie des druides étroitement liée à leur psychologie.

Le monde, c'est-à-dire la totalité des êtres, se compose de trois cercles ou sphères de vie, qui ne sont pas à vrai dire des régions distinctes, mais des états différents de la matière et de l'esprit et forment en se compénétrant un tout organique, lequel constitue l'univers vivant.

1° Le monde divin, appelé *Cylch-y-Gwynfyd*, ou *cercle de la félicité*, est celui de l'Esprit pur. Là règnent les âmes lucides et transfigurées des héros. Ils sont dominés et vivifiés par *Bélen* ou *Bel-Héol*, le Dieu solaire de la lumière primordiale, physique et hyperphysique. C'est la sphère des Dieux ou des forces cosmiques qui gouvernent l'univers. Elle correspond au monde des Dévas de l'Inde, des Amschapands persans, de l'Osiris égyptien, de l'Olympe grec, des Elohïm bibliques, du Ciel chrétien. C'est ce monde si plein, si animé et si radieux des voyants d'autrefois, que nous appelons aujourd'hui du terme vague et vide de monde invisible, parce que nous avons perdu la faculté d'y pénétrer par l'enthousiasme et par l'initiation.

2° Sous ce monde sublime et lumineux de *Gwynfyd*, d'où émanent et retournent les êtres par le mouvement descendant et ascendant de l'involution et de l'évolution, s'ouvre, comme un gouffre noir, le monde *d'Abred*, ou cercle des migrations. C'est celui de la terre et des hommes, le cercle étroit de la matière solide et de la pesanteur, où nous vivons et où se débattent tous les incarnés. Il est appelé le *cercle des migrations* parce que les âmes humaines y traversent une série indéterminée d'existences successives, entrecoupées par de longs intervalles d'existences spirituelles, avant d'atteindre à leur perfection. Là règne le Dieu *Teutatès*, qui correspond lointainement au Dionysos grec, le dieu de l'énergie vitale et des métamorphoses. Mais il a un autre caractère chez les Gaulois, car pour eux il est le dieu de la lutte et du travail.

3° Encore plus bas, au-dessous, dans les entrailles du sol et par delà, dans le vide effrayant de l'espace, bâille le gouffre de l'Abîme, appelé *Annwn* ou *Anoufen* par les druides. C'est l'abîme de la nature inférieure et de l'animalité grossière. De là sont sortis tous les êtres matériels, tous ont été pétris dans ce limon primitif, dans ce bouillon de culture, tous y compris l'homme, si l'on parle de son corps. Car son âme et son esprit viennent du monde supérieur et divin. — La Divinité qui commande à l'Abîme porte un nom mystérieux que César rapproche de Pluton, dieu des enfers et qu'il nomme *Dis Pater*. Mais en réalité les druides le désignaient sous le nom redoutable de *Ankéna*, la Nécessité, ou le Destin, qui courbe les vivants à l'inéluctable loi de la Douleur et de la Mort.

Voilà le ternaire cosmique des druides dans sa simplicité et sa grandeur. Remarquons tout de suite que l'homme qui s'agite et travaille, qui souffre et qui peine dans *Abred* au cercle des migrations, y est placé comme un médiateur entre le cercle d'en bas et le cercle d'en haut. Il est également influencé par l'un et par l'autre. Il peut, s'il cède à ses bas instincts, se laisser retomber dans le cercle d'en bas. Mais il peut aussi, par son effort, s'élever au cercle supérieur de Gwynfyd, où règne le bonheur et la liberté divine. Ainsi, la liberté humaine joue le rôle d'un balancier qui maintient l'équilibre entre le ciel et la terre.

Un Dieu suprême enveloppe, pénètre et gouverne les trois mondes avec leurs trois Dieux. Son domaine est l'Infini *Ceugant*. Mais il est impénétrable et insondable pour la pensée humaine. Les druides l'appelaient Ésus [1].

Cette rapide esquisse de la philosophie des druides d'après le *Mystère des Bardes*, nous montre la concordance intime de cette doctrine avec l'immémoriale sagesse des Védas, comme avec celle de la Grèce et du christianisme ésotérique [2].

Il nous reste à fixer ce par quoi elle en diffère et ce qui constitue sa profonde originalité.

Les grandes religions et les grandes philosophies sont d'accord sur les catégories fondamentales de l'Etre, sur l'existence des trois mondes. Elles diffèrent plus ou moins sur la manière dont l'homme doit s'y prendre pour vaincre la mort et sur la conception de son état final après la traversée de l'évolution cosmique.

L'originalité de la conception druidique porte sur trois points essentiels : 1° L'idée de *l'Awen* ou du génie primitif de l'homme ; 2° L'idée *de*

---

1. C'est le *Parabrahm* des Indous, le *Buthos* ou *l'Abîme* des Gnostiques, *l'Aïn-Soph* de la Kabale.

2. Cette ressemblance ne prouve pas que les druides aient emprunté leur doctrine à l'Orient. Ils la tenaient de leur inspiration propre. Les grands voyants s'accordent sur les Idées-Mères de la Religion et de la Philosophie, parce qu'ils remontent tous à la source première des choses.

la Druidesse, ou du rôle de la femme dans l'inspiration ; 3° Une conception transcendante de l'amitié héroïque, fondée sur la croyance à l'immortalité de l'âme. Examinons les successivement.

1° *L'Awen* ou *le Génie de l'Individualité.* L'idée de l'immortalité est commune à toutes les religions, mais elles s'en font des représentations diverses.

En Inde le but final de l'âme est l'union avec la divinité, mais dans un état voisin de l'inconscience, où se noie sa personnalité, si bien que cet état prend le nom de *Nirvana,* ou d'extinction, du moins dans le sens exotérique et populaire. Dans le *Livre des Morts* des Egyptiens, l'âme devient semblable à la divinité ; elle devient un Osiris. Mais on dirait que toutes les âmes sont pareilles et destinées à reproduire ce modèle unique. La conception persane de Zoroastre est celle qui se rapproche le plus de la conception druidique. Car l'âme, qui a vaincu le démon Ahrimane et qui rejoint le soleil d'Ormuz, rencontre sur l'arche de lumière sa propre image transfigurée. Cette idée se retrouve dans le concept druidique de l'*Awen* ou du *Génie primitif,* mais encore accentuée.

Le sens du mot Awen est celui de *fluide, d'influx.* C'est à la fois l'inspiration et le génie de la libre individualité. Chaque âme a son idéal, son génie propre, différent de tous les autres.

Le rejoindre, le reconnaître et l'accomplir en soi, voilà le point de mire, la raison d'être, le charme transcendant de la vie. Et pour y parvenir que faut-il ? Il faut les trois victoires : « la victoire par la science, la victoire par l'amour et la victoire par la volonté [1] ». Et quel sera le résultat de cette longue évolution ? Le ressouvenir de toutes les existences passées en une quintessence concentrée. Ce sera l'élixir de la vie immortelle. « Trois choses, dit une triade, seront rendues à l'homme dans le cercle de Gwynfyd : le génie primitif, l'amour primitif et la mémoire primitive. Car sans cela il ne saurait y avoir de félicité. »

Ecoutez encore cette dernière triade magnifiquement audacieuse dans sa simplicité. Trois mots magiques y résonnent comme trois coups de cloche avec un son d'or : « Trois choses sont primitivement contemporaines : l'homme, la liberté et la lumière ! » Avec leurs ondes sonores et leurs harmoniques, ces trois mots résument toute l'énergie active et toute la spiritualité du génie celtique. Et n'est-ce pas déjà tout le génie de la France ?

---

1. Triade bardique.

2° *La Druidesse ou la Prophétesse gauloise.*
L'Eternel-Féminin, qui joue un rôle important
dans toutes les religions, apparaît dans la religion druidique sous la forme originale et sai-
sissante de la Druidesse.

Derwyda, féminin de *Derwyd* (Druide) signi-
fie la voyante du chêne. Nous ne connaissons
guère les druidesses gauloises que par leur époque de décadence. Elles vivent alors reléguées
dans les îles de l'Océan breton, où les voyageurs grecs et latins les ont entrevues comme
des espèces de sorcières, livrées à des rites
étranges et sauvages. Nous devons supposer
qu'à leur époque de puissance et de gloire, elles
apportèrent à leurs fonctions sacerdotales le
même dévouement, la même passion généreuse
que d'illustres Gauloises, les Kamma, les Kio-
mara, les Eponine apportèrent à l'amour conjugal. C'est sous l'influence hypnotique des
feuilles du chêne que certaines femmes de la
Celtide entrèrent dans l'état second et se mirent
à vaticiner en racontant leurs visions des âmes
des morts et des ancêtres. Le chêne était pour
les druides le symbole de la divinité germinante
et arborescente du sol terrestre sous le rayon
solaire, et le gui qui pousse sur ses branches
leur semblait l'image de l'âme immortelle qui
puise sa sève dans la divinité.

Lorsque, dans un transport d'extase, la druidesse cueillait la branche de gui et l'offrait à un guerrier, elle le consacrait à l'immortalité par la mort héroïque. Est-il dans l'histoire, un plus bel exemple de l'héroïsme inspiré par l'amour de la femme et par la divination féminine ? La Druidesse nous apparaît ainsi au seuil de notre histoire comme une figure infiniment suggestive. En ceignant d'une couronne de verveines leurs vierges prophétesses, les druides consacrèrent en elles le don divin de percevoir l'Invisible par les vibrations profondes du cœur. Dans les siècles de fer et de sang, ils entendirent la Femme frémir au souffle de l'Esprit. Ils écoutèrent gémir et chanter son âme, comme les harpes suspendues aux branches de leurs chênes et balancées par le vent d'orage.

3° *Le pacte de l'amitié héroïque.* Le caractère intime et passionné des amitiés gauloises est le troisième trait distinctif de cette religion. Ces sortes d'amitiés se concluaient surtout entre les chefs et leurs compagnons, mais aussi entre égaux... Les deux amis faisaient tomber quelques gouttes de leur sang dans une coupe d'hydromel et en buvaient chacun la moitié. Après quoi, ils se considéraient comme frères d'armes, liés pour la vie et la mort. Si l'un tombait dans un combat, l'autre devait se faire tuer avec lui ou se brûler sur son bûcher et le suivre dans l'autre monde. César affirme que pas un ami ainsi lié ne manquait à son serment. Cette coutume, qui dramatisé si éloquemment la foi des Gaulois en la survie de l'âme, contient aussi en germe l'un des principes essentiels de la chevalerie, la fraternité d'armes au nom d'un idéal commun.

Résumons les résultats pratiques de la métaphysique des druides.

L'immortalité par l'effort, l'inspiration par l'intuition féminine et l'héroïsme par l'amitié ; voilà donc les traits essentiels de l'Ame celtique telle qu'elle se montre à l'aurore de notre histoire. Il serait difficile encore aujourd'hui d'affirmer un plus haut idéal de foi et d'action.

La philosophie des druides était une doctrine d'initiés. Elle ne pouvait être comprise des Gaulois encore à demi barbares. Mais il y a une loi historique peu remarquée qui explique bien des choses. Quand des idées et des formes nouvelles doivent fructifier au cours des siècles, elles y sont semées longtemps à l'avance. Le schéma des trois mondes, conçu par les druides, ce principe d'une hiérarchie des forces qui domine l'univers et qui doit régler la vie humaine, sera en quelque sorte le canevas sur lequel le tempérament franc, le génie latin et l'âme gauloise broderont en s'entrelaçant l'histoire de France. La force et la solidité viendront de la race franque ; l'ordre et la mesure du génie latin ; mais les révoltes, les impulsions profondes et passionnées, les élans de sympathie, les sursauts d'enthousiasme, le sens du merveilleux dans la nature, les divinations mystiques et transcendantes seront l'œuvre de l'Ame celtique. Elle sera non la réalisatrice, mais l'inspiratrice. Quelquefois elle semblera morte pour des siècles, puis subitement on la verra renaître. C'est elle qui toujours poussera la nation vers des horizons nouveaux. Tantôt elle soulèvera les masses comme *une lame de fond*, tantôt elle parlera comme un *souffle d'en haut*, aux saints ou aux rois, aux héros ou aux génies. Elle jettera pêle-mêle ses espérances et ses rêves, ses idées généreuses et ses folles illusions dans les trois mondes, et souvent les hommes inspirés par elle se combattront et sembleront vouloir s'entre-détruire, comme si chacune des trois sphères voulait supprimer les deux autres. Mais après deux mille ans de luttes, l'Ame celtique et le Génie de la France se demanderont s'ils ne pourraient pas mettre fin à leurs querelles séculaires en reliant les trois mondes par une plus féconde et plus sublime harmonie.

Nous allons parcourir à grandes enjambées cette histoire des puissances spirituelles, qui se déroule en quelque sorte dans le monde astral, au-dessus du monde réel, mais qui en tient tous les fils. Je ne m'arrêterai qu'aux grandes étapes et ne toucherai qu'aux points essentiels.

II

Jules César et Vercingétorix se dressent au seuil de notre histoire comme les deux types accomplis de deux races et de deux génies opposés. En César nous apparaît l'esprit latin et le génie de Rome, parvenus à leur maturité, génie positif et dur, incarné dans le plus grand capitaine que le monde ait connu. Car ne nous y trompons pas, dans cet homme pâle et chauve, aux yeux perçants comme des glaives, dans ce proconsul qui sillonne la Gaule avec ses légions, traverse les fleuves à la nage, et dicte des lettres à ses secrétaires pendant qu'il chevauche à travers la forêt celtique, dans ce gagneur de batailles qui dirige les intrigues du forum du fond de la Bretagne, dans cet homme agile et cependant de bronze marchent huit siècles de discipline et de guerre et respire l'âme de cette Louve romaine qui devait dompter le monde barbare et lui imposer la civilisation gréco-latine.

Par contre dans le Brenn gaulois, en Vercingétorix s'incarne pour la première fois la conscience de sa nation. Car, au même moment où l'idée de conquérir la Gaule, pour s'en faire un marchepied au trône d'impérator romain, germait dans la tête de César, l'idée de fonder une fédération fraternelle entre tous les Gaulois et d'assurer ainsi l'indépendance de la Gaule naissait dans la tête du jeune Arverne. Dans un de ses discours, au plus fort de la lutte acharnée, il disait aux autres chefs : « Je ferai que la Gaule tout entière n'ait qu'une seule volonté; et quand elle sera d'accord l'univers lui-même ne sera pas en état de lui résister. » Avec les forces tumultueuses mais indisciplinées dont il disposait, avec son courage et son énergie, Vercingétorix fit des miracles. Un instant la victoire parut se prononcer en sa faveur. César, en fuite devant Gergovie, perdit son épée et les Gaulois la suspendirent dans un temple comme un trophée. Mais le génie de César et la discipline des légions devaient triompher à la longue de l'impétuosité et de l'inexpérience des Gaulois. Tout le monde connaît la fin de la lutte et la reddition de Vercingétorix après le siège d'Alésia, mais le sens religieux et mystique de cette scène a échappé aux historiens.

La ville exténuée par la famine va se rendre.

César a demandé la livraison de tous les chefs·
Maintenant, assis sur son haut tribunal, dans
son long manteau de pourpre brodé d'or, le
sceptre du juge en main, le proconsul attend.
Autour de lui, les légions romaines en armes et
muettes sont rangées en un vaste hémicycle.
Tous les yeux sont fixés sur le haut de la montagne, sur la porte de la ville... Surprise générale. Un cavalier en sort seul. C'est Vercingétorix, revêtu de sa plus belle armure et de ses
colliers d'or qui reluisent au soleil. Un frisson
d'admiration a couru malgré elle sur l'armée
romaine, car tout le monde a compris. Le Brenn
sait que César n'en veut qu'à lui, tête et cœur
de l'insurrection. Pour sauver la vie de ses compagnons d'armes, il s'offre en holocauste. On le
voit suivre au galop le chemin bordé de palis-
sades qui descend de la forteresse à la plaine.
Parvenu près de César, il fait tourner trois fois
son cheval autour du tribunal. Après ce geste
inattendu et singulier, il saute à terre, jette son
casque, son épée et son bouclier aux pieds du
proconsul, puis s'assied sur un faisceau d'armes
dans une méditation immobile. César l'accable
d'un torrent d'injures. Vercingétorix ne répond
pas. A partir de ce moment, il n'ouvrira plus la
bouche. Bien plus tard, après une captivité de
six ans dans la prison Mamertine à Rome, la

tête du Brenn gaulois tombera sous la hache du licteur pendant que César triomphant montera au Capitole.

Mais que s'était-il passé dans l'âme du héros, à sa dernière rencontre avec son vainqueur devant Alésia ? Il est facile de le deviner. Vercingétorix était l'élève des druides. Il connaissait leur doctrine des trois mondes. Il savait que les mourants volontaires ont un pouvoir immense d'objurgation et de conjuration sur le monde invisib'e. Avec la force des victimes qui se vouent librement à la mort, il voulait appeler la vengeance divine sur le superbe impérator. Ca-elle veille la grande Nécessité, Némésis-Eneka aux pieds d'airain. Elle veille invisible..... mais elle vient à coup sûr.

Et elle s'accomplit la silencieuse incantation du *grand chef des cent têtes*, à sa dernière chevauchée. Oui, sans doute César, après avoir terrassé la Gaule, passa le Rubicon, asservit Rome, battit Pompée à Pharsale, conquit l'Egypte et Cléopâtre, soumit l'Afrique et l'Espagne et triompha cinq fois. Mais lorsqu'il crut toucher au rêve de sa vie, lorsque, dans l'ivresse du pouvoir absolu, il ceignit enfin son front chauve du bandeau de pourpre des rois — alors il sembla que l'univers se retournât contre lui..... Car il tomba, comme une masse inerte, sous les poignards de ses meilleurs amis, serrés en cercle autour de lui.

O grand impérator ! quand les couteaux meurtriers t'enveloppèrent comme un cercle d'éclairs pour s'enfoncer dans ta poitrine, ne te souvins-tu pas du fier Gaulois, du *grand chef des cent têtes*, qui avait tracé ses trois cercles fatidiques autour de ton tribunal, au galop funèbre de son cheval. Ton œil mourant ne vit-il pas se dresser devant toi le pâle spectre de Vercingétorix et son fixe regard ne sut-il pas te dire: Voici le jour de la justice !

Jules César qui dompta le monde, ne put s'attacher une seule âme, à la vie et à la mort. — tandis qu'*au nom d'une idée, l'indépendance gauloise* — Vercingétorix sut joindre en un faisceau vibrant, toutes les âmes de la Gaule. Aussi nous plaît-il de saluer, dans le fils de Celtil, le fier précurseur de la chevalerie et de la liberté.

III

EFFLORESCENCE DE L'AME CELTIQUE

DANS LES ROMANS DE LA TABLE-RONDE

TRISTAN, PERCEVAL ET MERLIN L'ENCHANTEUR

Ne nous occupant ici que de l'Ame Celtique et de ses résurrections périodiques au cours des âges, il nous faut sauter à pieds joints mille ans d'histoire.

Nous franchissons d'un bond l'époque gallo-romaine et les invasions des barbares. — Nous laissons derrière nous la France mérovingienne, carlovingienne et capétienne, pour en venir au temps des croisades, des troubadours, et des trouvères. En Gaule comme en Grande-Bretagne, la conquête romaine, suivie du christianisme, a refoulé les druides et leurs successeurs les bardes dans les provinces voisines de l'Océan, en Armorique, en Cambrie, au pays de Galles, en Irlande et en Ecosse. Les forêts inextricables, les hautes falaises, les îles des mers sauvages et les houles de l'Atlantique, voilà leurs remparts et leurs refuges. Les Francs et les Anglo-Saxons les y poursuivent pour les soumettre.

Comme dit Michelet, ils résisteront deux cents ans par les armes et mille ans par l'espérance. Vaincus finalement, ils se convertiront au christianisme. Mais ayant conservé leurs traditions et leurs mœurs, ces chefs de clans et leurs bardes vont prendre une revanche éclatante. Ils séduiront leurs vainqueurs et leur infuseront leur esprit.

C'est du contact des ménestrels anglo-normands et des trouvères français avec les bardes bretons qu'est sorti le cycle des *Romans de la Table-Ronde*, qui devait éclipser le cycle des vieilles chansons de geste. Arthur et ses chevaliers feront oublier Charlemagne et ses douze pairs. Au-dessus de la croisade réelle, qui a pour but la conquête du Saint-Sépulcre, se déroule une croisade imaginaire pour la conquête d'un monde idéal. Si l'on compare les longues laisses des chansons de geste en vers décasyllabes, implacablement assenés les uns après les autres comme des coups d'épée sur une seule rime, aux octosyllabes légers et fluides des romans courtois, on saisit la différence entre le génie franc et le génie breton. Le premier est héroïque et guerrier; le second songeur et musical. Ce sont les soupirs d'une harpe éolienne après un cliquetis de ferrailles. Ces sons délicatement filés nous entraînent éperdument en une chevauchée aérienne à travers un monde de rêve et de merveilles. Ce monde sort du fin-fond de l'âme nationale et nous fait voir l'Ame Celtique en sa fragrante efflorescence.

Trois types contrastés ressortent en plein relief parmi les héros de la Table-Ronde. Ce sont ceux de Tristan, de Perceval et de Merlin l'Enchanteur. Avec le philtre d'amour de Tristan, avec le Saint-Graal de Perceval et la harpe prophétique de Merlin, nous allons cueillir la fleur de l'Ame Celtique. Ses racines plongent dans l'antique sagesse des druides, et son parfum se disperse dans les trois mondes.

L'histoire de *Tristan et Iseult* racontée dans les poèmes de Béroul, de Thomas de Bretagne et de Gottfried de Strasbourg, c'est l'apothéose de l'amour, souverain du monde. Amour adultère mais unique, il devient en quelque sorte conjugal par son inébranlable fidélité. L'antiquité avait bien connu l'amour-passion, qui est l'amour des sens idéalisé par le charme de la beauté. Mais il y a un sentiment nouveau dans Tristan et Iseult. C'est l'intime et profonde affinité des âmes qui crée chez eux un lien indissoluble entre l'homme et la femme. Le fameux philtre d'amour qu'ils boivent par mé-

garde sur leur navire, au moment où Tristan
amène au roi Marc la royale fiancée dont la
garde lui a été confiée, n'est que le symbole
d'une intense réalité psychique. Suprême aveu
des yeux, impétueux soupir de l'âme, muet
effluve des cœurs qui débordent, ce philtre terrible, ce « boire d'amour » condense en un fluide
violent toutes leurs affinités antérieures, sympa-
thies, souffrances, aspirations confuses, flammes
d'un désir sans bornes, pour les verser comme
un torrent de feu dans les veines des deux
amants. Ils ont bu la coupe fatale, et les voilà
fondus l'un à l'autre pour toujours, malgré tous
les obstacles, malgré le trône qui les sépare,
malgré l'honneur et les serments, malgré le
monde et ses lois. Ni danger, ni menace, ni la
séparation et l'absence ne pourront les désunir.
Leur souffrance leur est plus chère que toutes
les jouissances parce qu'elle leur vient de leur
amour. L'infidélité même de Tristan qui croit
pouvoir oublier Iseult en épousant une autre
femme du même nom, ne fait qu'exaspérer sa
passion en ravivant l'image ineffaçable de l'autre.
Sa douleur, son appel désespéré ramènent à son
lit de mort la vraie Iseult qui expire sur le cœur
de son ami quelques minutes après qu'il a cessé
de battre. Ainsi, dans la mort comme dans la
vie, ils sont inséparables. C'est ce qu'exprime,

avec une grâce exquise Marie de France dans son *Lai du Chèvrefeuille*.

> Il en était de leurs deux cœurs
> Tout ainsi que du chèvrefeuille
> Qui au coudrier se prenait.
> Quand est ainsi lacé et pris
> Et tout autour du bois s'est mis,
> Ensemble peuvent bien durer ;
> Mais si l'on veut les séparer,
> Le coudrier meurt promptement,
> Le chèvrefeuille également.
> « Belle amie, ainsi est de nous,
> Ni vous sans moi, ni moi sans vous. »

Tristan et Iseult se suffisent à eux-mêmes. En s'adorant, en souffrant l'un pour l'autre, en s'aimant, ils se créent un nouvel univers, pareils à ces deux soleils, jaune et bleu, qui tournent l'un autour de l'autre dans la constellation de la Lyre et semblent vouloir se passer du firmament. On peut dire qu'un tel amour est un égoïsme à deux, qu'il est dangereux et anti-social, mais on ne peut nier qu'il ait élargi le cercle de la Psyché humaine en lui ouvrant des perspectives insoupçonnées, par la réflexion de l'Eternel Masculin dans l'Eternel Féminin et par leur fusion ardente, qui illumine l'Infini de ses flammes. C'est la gloire du génie celtique d'avoir allumé ce foyer dans l'âme française, pour l'éparpiller ensuite dans le monde entier.

La légende de Perceval, illustrée par Chrétien de Troies et par ses successeurs, est l'opposé de celle de Tristan. Elle nous transporte à l'autre pôle de l'âme humaine. Après le brûlant tourbillon de l'amour terrestre, voici le transcendant mystère de l'amour divin.

Le Simple et le Pur a été élevé par sa mère dans un manoir solitaire, au fond d'une forêt. La pauvre veuve, qui ne porte pas sans raison le nom de Douloureuse, croit préserver ainsi son fils des dangers de la guerre. Mais un chevalier aux armes étincelantes passe par les bois. L'enfant ébloui et bouleversé le prend pour un ange et s'agenouille devant lui : « Qui êtes-vous ? — Chevalier. » Chevalier ! ce mot suffit pour réveiller le lion qui dort dans le cœur de l'adolescent. Ce mot magique et le cavalier fulgurant qui le prononce lui ont révélé d'un seul coup les splendeurs de la chevalerie. Chevalier, il le sera lui aussi ! Et le voilà parti au galop, emporté par son destin. Il ne s'aperçoit pas que sa mère tombe évanouie au bord du pont-levis en le voyant disparaître. Bien plus tard seulement il saura qu'elle est morte de chagrin de son brusque départ et il en ressentira la plus violente douleur. Pour l'heure, il est ignorant. Il ne sait, il ne comprend. Comme il est courageux et fort et ne se bat que pour son plaisir, il acquiert vite la renommée. Mais la gloire ne lui suffit pas ; il cherche autre chose, sans savoir quoi. Son éducation se fera peu à peu par la compassion. Par elle il comprendra que la douleur est le secret du monde et le seul aiguillon du progrès spirituel. Il découvrira enfin que la sympathie est la plus grande des forces, la seule par laquelle on puisse s'approcher du mystère divin.

Après bien des aventures, il arrive au château du Roi Pêcheur. Là il assiste à une cérémonie étrange et mystérieuse. Le soir, après le repas, une vierge vêtue de blanc traverse la salle en portant dans ses mains un vase de cristal qui brille d'un tel éclat que tous les flambeaux pâlissent comme si le soleil se levait. La jeune fille est suivie d'un varlet qui porte une lance dont la pointe saigne et laisse tomber des gouttes de sang sur les mains du page. Cette lance est celle de Longus, qui perça jadis les flancs de Jésus. Ce vase est celui dans lequel Joseph d'Arimathée recueillit le sang du Christ. C'est le saint Graal, et il confère des vertus merveilleuses à la confrérie des chevaliers qui le gardent. Mais le chef de cet ordre a perdu toute puissance parce qu'il s'est abandonné au péché de luxure. La lumière du Graal ne le réconforte plus. Il est déchu de sa dignité et cent soixante chevaliers, avec leurs femmes et leurs filles, demeurent prisonniers au « Château mortel » commandé par l'ennemi du Roi-Pêcheur. Perceval ignore tout cela. Il est frappé par le spectacle. Mais, il n'a pas la présence d'esprit de demander ce que signifient ce vase et cette lance. S'il l'avait fait, il lui eût été permis sur-le-champ de délivrer les captifs et de guérir le Roi-Malade. Mais le fol s'est couché sans rien dire, et le lendemain il se réveille dans un château vide et abandonné. Tout n'était-il donc qu'un rêve ? Non ; c'était le pressentiment de la Vérité, sous forme d'une vision astrale. Maintenant il faudra qu'il traverse une vie de périls et d'épreuves. Ce n'est qu'après avoir compris et partagé toutes les misères du monde, après avoir vaincu toutes les tentations qu'il pourra retrouver le Graal, délivrer le Roi-Pêcheur et accomplir sa mission. Dépouillé de tout égoïsme et de l'éphémère personnalité humaine, il aura conquis son individualité divine.

Ainsi, dans la légende de Perceval, l'idée de l'initiation graduelle par la sympathie intelligente s'adjoint à l'idée chrétienne du salut par le sang du Christ et par l'Eucharistie. Ce n'est pas seulement par la foi et la repentance, c'est encore par l'effort et la compréhension que l'inilié doit conquérir la sainteté et renouveler en lui-même le sacrifice du Christ. Le génie celte est éminemment ésotérique parce qu'il est éminemment intuitif et libre.

Tristan et Perceval nous ont conduit aux deux pôles de la vie. Entre l'amour terrestre et l'amour divin, il y a un abîme. Qui choisit l'un, semble-t-il, doit renoncer à l'autre. Et pourtant il y a, dans les romans de la Table-Ronde, un personnage semi-réel, semi-légendaire, qui a voulu les embrasser tous les deux et les joindre en une seule magie ; c'est Merlin l'Enchanteur. Sa tentative a échoué, mais elle est d'un intérêt capital, car elle nous introduit au foyer même de l'Ame Celtique et pose le problème de sa mission.

Les druides parlaient de deux sortes de sagesses. L'une vient de *la chaudière de Korydven,* où bouillonnent pêle-mêle toutes les forces de la nature inférieure. Il suffisait d'avaler une seule goutte de sa mixture pour se souvenir de toutes les existences animales que l'homme a traversées dans ses vies antérieures. Mais il y a une autre sagesse renfermée dans un autre vase. Celui-là est de pur cristal et plein d'une eau transparente d'un arome éthéré, *le vase Azevladour,* ou du *Divin Ressouvenir,* que des vierges sacrées habitant les îles de l'Océan of-

frent aux navigateurs assez hardis pour le récla-
mer. Une gorgée de cette eau rendait à l'homme,
pour un instant le souvenir de ses existences
célestes. Tout s'effaçait ensuite dans la mémoire,
mais on en gardait un inoubliable parfum.

Il semble que Merlin ait bu à ces deux vases
et soit devenu fou de leur mélange troublant.

La légende le fait naître d'une nonne pieuse
et compatissante, nommée Carmélis, qui avait
été surprise et fécondée dans son sommeil par
un démon de l'air. Cette double origine révèle
déjà sa double nature. C'est un enfant charmeur,
insinuant, aux caresses sournoises, familier avec
les esprits des éléments. Dès sa naissance, il se
met à parler et dit à Carmélis qui le serre dans
ses bras avec effroi : « Petite mère, ne t'effraye
pas. Je sais tout et t'apprendrai des choses merveilleuses. » Excommunié par le moine Gildas,
il se rend chez l'illustre Taliésin, le chef des
bardes qui le reçoit dans sa confrérie et le fait
initier. Selon la tradition, le néophyte devait
passer une nuit sur *la pierre de l'épreuve*, au
milieu d'une lande, non loin de la grotte de
Fingal. Là, toutes sortes d'apparitions venaient
le tenter pendant son sommeil, et le matin il
s'éveillait prophète ou fou. Au milieu d'une
tempête d'esprits infernaux, Lucifer, qui se prétend le père de Merlin, lui offre sans condition

une chaîne magique qui lui donnera le pouvoir d'enchanter les hommes et les femmes et de les soumettre à sa volonté. D'autre part, une ange-femme, lui apporte une harpe d'argent qui lui vaudra le don de prophétie et de l'inspiration d'en haut, à condition qu'il reste fidèle à sa fiancée céleste et ne donne son cœur à aucune autre femme. Merlin accepte avec un égal enthousiasme le don infernal et le don divin, sans s'inquiéter de leur conflit possible, et reçoit l'anneau d'alliance, le talisman de la foi que la diaphane Radiance glisse à son doigt en disparaissant.

Grâce à son double pouvoir, Merlin commence par réussir en tout. Il conquiert pour le roi Arthur l'épée victorieuse dans l'île d'Avalon. Il lui fait gagner la bataille d'Argoëd sur les Anglo-Saxons et devient tout puissant à la cour. Mais la tentation fatale va venir et la chute suit de près l'ivresse du triomphe. La reine Genièvre et son amant Mordred, couple perfide qui médite la mort d'Arthur, veulent perdre d'abord son conseiller. Ils persuadent à Merlin qu'il n'aura le vrai pouvoir et le vrai bonheur que lorsqu'il aura évoqué l'incomparable Viviane, la plus illustre fée de la forêt de Brocéliande. Viviane est la magicienne antique aux philtres mortels, doublée de l'enjôleuse fée gauloise,

qui utilise les charmes et les mirages de la nature comme ceux de la femme pour endormir
la volonté de l'homme et l'asservir à ses ca-
prices.

Merlin est attiré vers la tentatrice par la curiosité, par l'ambition et par son désir insatiable.
Il évoque Viviane à la fontaine de Jouvence,
qui sera pour lui la fontaine de Perdition. Elle
lui apparaît dans une tour de lierre, sous un
buisson d'aubépine et de chèvrefeuille. Il voit
la fauve chevelure de la fée ruisseler sur son
corps de neige. Viviane possède la science profonde du mal sous les apparences d'une candeur
enfantine. Le grand Enchanteur est vite en-
chanté. Elle s'assied sur ses genoux et s'enlace
à lui comme le lierre au chêne. En s'abandon-
nant à elle, il entend une symphonie merveilleuse ; car la forêt vibre et frémit autour d'eux
comme un instrument aux mille cordes. Mais
quand il sort de sa torpeur, l'Enchanteresse et
sa tour ont disparu. Merlin seul, accoudé près
de la fontaine, s'aperçoit que Viviane lui a dé-
robé sa harpe. Pendant ce temps, le roi Arthur
est mort dans une grande bataille ; son armée
est en fuite ; Merlin devient fou. Une fois encore
il évoque Viviane, espérant lui reprendre sa
harpe. Mais loin de la lui rendre, par un détour
subtil, la fée trompeuse réussit à lui arracher

l'anneau de Radiance, l'anneau de sa foi. Puis, avec la formule d'incantation, qu'elle lui a savamment soutirée, Viviane endort Merlin d'un profond sommeil et s'enfonce sous terre avec sa proie.

La légende de Merlin ressemble à un miroir magique, où le génie celtique aurait évoqué l'image de sa propre destinée. Il y a là comme un pressentiment de sa prochaine éclipse et de la fin du bardisme.

Mais il y a plus encore. Elle nous montre surtout la double aspiration de l'Ame celtique, d'une part vers l'Au-delà et ses mystères infinis, de l'autre vers la Nature, avec sa puissance et sa magie, avec ses attraits et ses dangers. Le désir superbe et généreux de l'Ame celtique est en quelque sorte d'embrasser les deux mondes que le moyen-âge considérait comme inconciliables (celui de Tristan et celui de Perceval) la Terre et le Ciel, le royaume de la Nature et le royaume de l'Esprit. Ce problème, que Merlin n'a fait qu'ébaucher et qui causa sa fin tragique, l'Ame celtique, en ses réapparitions successives au cours de notre histoire, le reprendra par des tentatives toujours nouvelles et toujours plus hardies. *La réalisation du Divin dans l'Humain*, voilà la mission héroïque qu'elle imposera finalement à la France dans ses luttes formidables contre elle-même et contre le monde extérieur. Nous verrons, dans l'étude suivante, comment la France s'est évertuée d'accomplir cette sublime mais redoutable mission du xive au xxe siècle.

LES ÉTAPES OCCULTES

DE L'AME FRANÇAISE

II

II

LES TEMPS MODERNES

IV

LE XIVe SIÈCLE ET JEANNE D'ARC

Récapitulons le chemin parcouru. — Nous avons distingué deux forces opposées dans l'Ame Celtique, marquées dès l'origine par l'élément gaulois et l'élément Kymrique. L'une est portée vers l'individualisme et la révolte, l'autre vers l'inspiration et le prophétisme. La philosophie des druides, conservée dans le *Mystère des Bardes,* nous a d'abord offert un équilibre parfait de ces deux éléments en une synthèse harmonieuse. Mais ce n'était qu'une synthèse théorique, dessinée en quelque sorte dans l'Absolu par le Génie tutélaire de ce peuple, lui traçant comme avec un flambeau sur la toile du temps, le cadre des trois mondes et l'idéal proposé à son effort. Dans l'histoire réelle de la

Gaule et de la France, les deux éléments se séparent et se manifestent tour à tour. La figure de Vercingétorix a évoqué sous nos yeux la plus superbe effulguration de l'individualisme héroïque dans sa lutte contre César. Par contre, les romans de la Table-Ronde ont donné libre cours aux aspirations sublimes de l'Ame Celtique dans le monde spirituel et transcendant. D'un côté, l'action, de l'autre le rêve. L'une de ces aspirations est réaliste, l'autre mystique. L'une représente une volonté terrestre, l'autre un idéal divin. Comment vont-elles s'accorder ?

Eh bien, les six siècles d'histoire qui vont du xive au xxe siècle, se déroulent selon le même rythme. Nous voyons toujours la même oscillation entre les deux extrêmes. A chaque *lame de fond* succède un *souffle d'en haut*. Chacune des deux vagues apporte de nouveaux alluvions et laisse derrière elle des traces indélébiles, mais sans cesse l'une est submergée par l'autre.

Après l'élan des croisades au xiie et au xiiie siècle, magnifié par la poésie des trouvères et la splendeur des cathédrales, la France tombe dans un profond marasme sous les dévastations de la guerre de Cent-Ans et de l'anarchie féodale saccagée et ruinée, à force de pillages et de massacres, déchirée en deux par les Armagnacs et les Bourguignons, conquise aux deux tiers par les Anglais. Cette grande nation, devenue misérable, est sur le point d'agoniser.

C'est l'époque où commence à se déchaîner, sur les cimetières, la danse macabre qui, semble narguer la mort de sa luxure cynique.

A ce moment, apparaît dans notre histoire, comme la messagère d'un monde supérieur, cette figure unique qu'est Jeanne d'Arc, qui est devenue pour ses contemporains comme pour nous l'ange sublime de la patrie. C'est le souffle d'en haut qui répond à la vague infernale par une parole d'amour, de force et de régénération. Si jamais depuis le Christ, un personnage a été marqué indubitablement du sceau d'une mission providentielle, c'est la simple paysanne de Domrémy, qui, transformée par miracle en guerrière impétueuse, sauva la France de l'abîme. Pour la préparer à cette œuvre prodigieuse, au fond de son village lorrain, elle n'eut d'autres maîtres que *ses visions et ses voix* qui travaillèrent pendant cinq années (de quinze à dix-neuf ans) sa jeune âme déjà émue par « la grande pitié qu'il y avait au cœur de la France ». D'avance ces voix mystérieuses lui dictèrent sa mission en trois étapes : forcer Charles VII à lever une armée, délivrer Orléans et faire couronner le roi à Reims. Elle réalisa ce programme à la lettre. En lisant cette histoire dont l'héroïsme ingénu et virginal surpasse en beauté toutes les légendes, on ne sait ce qu'il faut le plus admirer ou la puissance de l'inspiration chez cette jeune fille ignorante, ou le courage qu'il lui fallut pour l'accomplir. Quelle candeur, quelle force de foi, quand elle dit aux gens d'armes effrayés qui la mènent au roi : « Ne craignez rien ; Dieu me trace ma route. C'est pour cela que je suis née. »

Un critique de marque et d'ailleurs fort intelligent s'est beaucoup moqué de moi, parce que j'ai osé appeler Jeanne d'Arc une *druidesse chrétienne*. Et pourtant je maintiens mon dire. S'il y a un anachronisme apparent dans ce terme, il a sa raison d'être historique et psychologique. Il veut avant tout mettre en relief le caractère éminemment libre et personnel de l'inspiration chez notre grande Jehanne. Elle fut chrétienne, certes, autant et plus qu'aucune sainte, mais elle rappelle aussi les antiques prophétesses de la Celtide par ses méthodes d'entrainement.

N'est-ce pas dans *le bois chenu*, sous *le chêne des fées*, qu'elle entendait le mieux *ses voix* ? Quand les docteurs de Poitiers, chargés de l'examiner, lui demandèrent si ses voix lui parlaient en leur présence, elle répondit : « Menez-moi dans un bois, et je les entendrai bien ! » Enfin, quand ils lui reprochèrent comme une hérésie d'ajouter ses révélations à celles de la Bible, elle s'écria : « Il y en a plus au livre de Dieu que dans les vôtres ! »

Le livre de Dieu dont parle Jeanne, c'est la lumière astrale, dans laquelle ont lu tous les voyants depuis le visionnaire de Patmos jusqu'à Swedenborg, hyperphysique et spirituelle lumière, dont il faut interpréter les images multiples et changeantes, mais dont la vérité se prouve par les faits qu'elle prédit et par les actes surhumains qu'elle inspire.

C'est par cette indépendance absolue, comme par sa foi inébranlable et son martyre sublime que Jeanne d'Arc a pu être la salvatrice de la France et devenir l'Ange de la Patrie. Avant elle l'unité de la France ne résidait que dans le Roi ; après elle la Patrie vit dans la conscience du peuple. Figure vraiment archangélique, incarnation de l'âme nationale, Jeanne d'Arc annonce à la France sa mission divine, qu'elle devra réaliser sous la forme d'une humanité nouvelle.

V

LA RÉVOLUTION FRANÇAISE ET LE ROMANTISME

Le xve siècle inaugure le mouvement des communes qui prépare la Révolution. Le xvie siècle amène la Renaissance avec François Ier et le xviie l'apogée de la monarchie avec Louis XIV. Notre langue et notre littérature atteignent leur perfection et conquièrent une véritable suprématie européenne. Il fallait cette nouvelle infusion du génie greco-latin dans le génie de la France pour la faire entrer définitivement dans la civilisation universelle et lui inculquer les normes éternelles de la Science et de l'Art. Mais il faut reconnaître aussi que cette période se distingue de toutes les autres par un complet oubli de nos traditions nationales et par une éclipse totale de l'Ame Celtique.

La raison domine, le sentiment est contenu, l'inspiration refoulée. L'Ame Celtique se réveillera, car nous l'avons déjà vu et nous le verrons encore, c'est par elle qu'arrivent à la fois à la

France les impulsions vitales et les inspirations spirituelles, *les lames de fond* et les *souffles d'en haut.*

La Révolution de 1789 à 93 est la plus formidable de ces lames de fond qu'ait connu l'histoire moderne. On peut dire que ce phénomène volcanique sort des profondeurs du tempérament gaulois, mais non des régions supérieures de l'âme Kymrique. Il fut légitime, mais excessif parce que unilatéral. Lorsque dans l'Assemblée de Versailles, dans cette cuve bouillonnante où fermentaient pêle-mêle tous les éléments hétérogènes de la société française, Mirabeau, l'homme-volcan, secouant sa crinière noire qu'il appelait « sa hure » lorsque cet homme représentatif qui portait en lui la pensée secrète de cette foule et dont la voix tonitruante faisait frémir les chapeaux à plumes de la noblesse et les rochets du clergé, lorsque ce lion rugissant de la liberté naissante lança cette parole : « Le Droit est le souverain du monde ! » il avait trouvé le mot magique de la Révolution. Oui sans doute, ce Droit universel, devenu le droit de tous et de chacun, a pu en quelques mois faire tomber la Bastille, balayer des injustices séculaires et faire passer le pouvoir absolu de la royauté à une assemblée souveraine. — Mais cette force, si puissante pour détruire, saura-t-elle construire un monde nouveau ? Pour cela il aurait fallu qu'elle eût un concept organique de la société humaine et de l'univers. Or ce concept personne ne l'avait, ni le roi, ni le clergé, ni la noblesse, ni la magistrature, ni le Tiers-État. L'abbé Sieyès avait dit : « Qu'est-ce que le Tiers-État ? Rien. Que doit-il être ? Tout. » Ce mot devint le programme de la Révolution et fut exécuté jusqu'au bout. Certes il était juste d'abolir les privilèges monstrueux du clergé et de la noblesse, mais, non de supprimer la hiérarchie des facultés et des fonctions humaines. Faute de respecter cette loi, la Révolution fut pareille à Saturne qui dévore ses propres enfants. La Montagne écrasa la Gironde, les Jacobins renversèrent la Montagne pour être balayés à leur tour. Quand les lions et les tigres du régime furent tous abattus sous le couperet de la guillotine et que la Convention fut réduite aux moutons de la plaine, le pouvoir devait passer naturellement à un général victorieux qui devint à la fois le nouveau César de la France et le soldat de la Révolution pour l'Europe.

La Révolution avait cependant jeté dans le monde trois idées qui devaient le bouleverser et le transformer de fond en comble. Ce sont les trois mots de sa devise : *Liberté, Egalité, Fraternité.* Dans son livre remarquable sur *la Ré-*

vélation française, M. Eugène Lévy a démontré le sens ésotérique de ces mots et leur portée incalculable pour l'avenir[1]. Il les considère, à juste titre comme la plus puissante explosion spiritualiste de l'individualité humaine, devenue consciente d'elle-même, et affirmant son triomphe virtuel sur *le déterminisme*, sur *l'évolution* et sur *la lutte pour la vie*, dont le fatalisme régit implacablement les autres êtres de la nature. C'est, en quelque sorte une déclaration d'immortalité, par laquelle l'homme reconnait implicitement sa source divine et revendique sa réintégration dans le royaume de l'Esprit. Je n'ai malheureusement pas le temps de m'arrêter à ce livre suggestif et à cette idée géniale. Bornons-nous à constater ici la grande lacune de la Révolution à côté de ses immenses bienfaits. Michelet lui-même, son historien le plus enthousiaste, avoue cette lacune quand il dit : « La Révolution ne put organiser la grande machine révolutionnaire, celle qui mieux que les lois doit fonder la fraternité, je veux dire *l'éducation.* » Et pourquoi, ajouterai-je, n'y a t'elle pas réussi ? Parce qu'elle a rélégué dans une abstraction vide le concept du Divin, qui est la clef de voûte de toute science, de toute psychologie et de

---

1. *La Révélation française*, par Eugène Lévy (Perrin, 1917).

toute morale. Le culte ridicule de la déesse Raison, accompagné d'une sanglante orgie, qu'elle engendra, prouve à quel point les idées de Dieu et de l'Au-delà avec tout leur mystère, sont indispensables à l'équilibre de l'âme humaine. Les lui ôter, c'est la priver d'air respirable et la condamner à la folie.

Cette fois-ci encore, le souffle d'en haut devait combattre la vague d'en bas. Sur cette société dédivinisée du xviiie siècle, de la Révolution et de l'Empire, devait passer, comme un vent orageux mais vivifiant et consolateur, un nouveau sentiment du Divin. Il lui vint du romantisme.

Un certain nombre de néo-classiques, qui n'ont vu dans le romantisme que son écume et ses déchets, ont voulu en faire récemment le bouc émissaire de toutes les mauvaises passions et de toutes les erreurs du xixe siècle. Ses excès mis à part — et quel mouvement n'en a pas? — il m'est impossible de ne pas voir dans le romantisme, la plus superbe et la plus généreuse manifestation lyrique de la France. En regardant ce magnifique débordement de poésie, on y distingne non seulement une profonde aspiration religieuse, mais encore une puissante explosion de l'Ame Celtique essayant de remonter à sa source et de conquérir un nouveau

sommet d'où elle pourrait enfin contempler l'infini natal. N'oublions pas d'où l'esprit français
reçut la première impulsion du romantisme. Son
initiateur fut chez nous un Celte aventureux et
rêveur, un Breton d'âme et de tempérament. Ce
fut sur la terre bretonne et par sa sœur Lucile
que Chateaubriand prit conscience de lui-même.
Cette sœur possédait le don subtil de la seconde
vue. Elle sut déplier l'âme de son frère, elle fut
l'éveilleuse délicate et frémissante de son génie. Il suffit de lire les *Mémoires d'Outre-tombe,*
pour s'assurer que la source première de son
inspiration est dans cette âme close, qui n'ou-
vrit qu'à lui seul le trésor sublime de sa mélancolie. Toutes les femmes qu'il aimera dans sa
vie, toutes celles qu'il imaginera dans ses poèmes et qui ne pourront chasser son immense
ennui, auront quelque chose de celle-là. Et les
thèmes qu'il chantera, ses pensées de derrière
la tête seront ceux et celles que Lucile et son
frère avaient agités pendant leurs errances dans
la lande, autour du château de Combourg : le
problème de la destinée, le mystère de Dieu et
de l'Au-delà. Soif toujours inassouvie. Ce que
Chateaubriand a découvert aux forêts vierges
du Nouveau-Monde, sur l'immense Atlantique
ou dans les ruines ensoleillées de l'Orient, c'est
l'Infini dans la nature, l'Infini dans l'amour,

l'Infini dans l'humanité. Ce qu'il cherche en eux et derrière eux, sans le trouver, c'est le roi de l'Infini et de l'Inaccessible, c'est Dieu.

Tels seront aussi les thèmes principaux de tous les grands lyriques français, de Lamartine à Hugo et à Vigny, jusqu'à Musset et à Baudelaire. Remarquons aussi, au point de vue ésotérique, qu'on rencontre parfois chez eux, à l'état d'intuition passagère mais incisive, un retour à l'antique idée de la réincarnation, commune à la tradition orientale et enseignée par les druides. Par exemple, dans *la Chute d'un Ange* de Lamartine, dans *le Revenant* de Victor Hugo (*Contemplations*) et dans *la Vie Antérieure* de Baudelaire, ou dans les sonnets mystiques de Gérard de Nerval. Malgré leurs étonnants intersignes, ces grands poètes sont tous plus ou moins rongés du doute, en même temps que d'un désir sans borne d'amour et de foi. Ils se ruent éperdument vers la nature, vers la femme, vers le bien et vers le mal, sans pouvoir se satisfaire.

> Toujours Lui, Lui partout ! — Ou brûlante ou glacée,
> Son image sans cesse assiège ma pensée.....

C'est à Napoléon que Hugo adresse ces vers. En réalité, c'est vers Dieu que monte ce cri innombrable du cœur de tous les grands poètes du XIX⁰ siècle. Mais Dieu ne se manifeste pas invinciblement à leurs esprits. Le plus croyant de tous, Lamartine s'effraye du passé et de l'avenir insondable de l'âme.

> Ainsi toujours poussés vers de nouveaux rivages,
> Dans la nuit éternelle emportés sans retour,
> Ne pourrons jamais sur l'Océan des âges
> Jeter l'ancre un seul jour?

Hugo, qui salue Dieu dans les splendeurs visibles de l'univers, soupire:

> Seigneur, Seigneur, où va la terre dans le ciel?

Trop nombreux, trop vastes, trop poignants sont les problèmes de l'univers et de la destinée. De toutes parts, ils se dressent. Les horizons ont beau s'étendre; de nouveaux mystères apparaissent derrière leurs brumes déchirées. Dieu ne se révèle que par fusées à l'âme des poètes. A chaque nouvelle vague de l'histoire, la lumière divine se voile. Alfred de Vigny, l'auteur de l'admirable mystère d'*Eloa*, ne pouvant plus croire à Dieu après ses déceptions cruelles, se résigne à ne plus répondre « que par un froid silence au silence éternel de la divinité ».

Ainsi, faute d'une synthèse cosmique et psychique, applicable à la pensée comme à l'éducation, la seconde moitié du XIXe siècle s'enténèbre dans la négation du désespoir. Toutefois l'enthousiasme allumé par la poésie romantique n'est pas mort. C'est un feu qui peut pâlir, mais non s'éteindre. Assoupi sous la pluie, il se rallumera comme un incendie au souffle de la tempête, le jour où la France sera menacée.

Nous l'avons bien vu, nous l'avons tous vécu récemment. Ce n'est pas seulement par son courage héroïque, c'est aussi par son enthousiasme généreux pour l'humanité et par son spiritualisme latent mais invincible que la France a remporté avec ses alliés une victoire définitive sur le militarisme prussien et le pangermanisme teuton. C'est une victoire éternelle, gravée en caractères ineffaçables sur la table d'airain de l'histoire.

VI

LA VAGUE BOLCHÉVISTE ET LA THÉOSOPHIE

Mais hélas, le militarisme prussien, reste d'une féodalité tyrannique, n'est pas la seule forme sous laquelle sévit le matérialisme agressif du temps présent.

La dernière lame de fond dont je dois parler ici, la plus grosse de toutes, celle qui tente de nous engloutir en ce moment, n'est pas particulière à la France, quoique elle soit née chez nous pour se développer en Allemagne et soulever toute sa masse en Russie. Cette vague embrasse maintenant le monde entier. C'est celle connue sous le nom *d'Internationale*, qui, par l'alliance universelle de la classe ouvrière, tend à faire de la guerre des classes le but suprême de la vie et à remplacer l'idée de Dieu et de la Providence par la divinisation non pas même de l'ensemble de la collectivité humaine, mais d'une seule classe, celle occupée des travaux manuels.

Ce mouvement, au développement duquel nous avons assisté au début du xxe siècle, a réalisé avec le bolchévisme la soi-disant dictature du prolétariat, qui, à l'heure actuelle, étend sa propagande dissolvante sur le monde entier et menace notre civilisation d'un cataclysme plus effroyable que toutes les invasions des barbares. Il suffit d'énoncer son programme sans entrer dans le détail de ses procédés ignobles et meurtriers pour constater qu'il représente le dernier mot du matérialisme pratique. Il tend à détruire la hiérarchie naturelle des forces qui gouvernent le monde. Car, dans le corps social comme dans l'individu, au lieu de donner la suprématie à l'âme et à l'esprit, il la donne au corps et à l'animalité. C'est le renversement de l'ordre normal par lequel sont possibles l'évolution de l'homme et celle de l'univers. C'est la suppression de toutes les supériorités au nom d'un égalitarisme féroce. C'est la guillotine de l'esprit et l'assassinat de l'idéal. Si l'on réfléchit aux causes qui ont pu produire ce formidable soulèvement, pareil à un tremblement de terre, dont nous n'avons encore ressenti que les premières secousses, on lui trouve trois facteurs essentiels : 1) l'envie et la haine qui sommeillent dans les bas-fonds de la nature humaine et qui sont plus forts chez les masses non éduquées et soumises à de trop rudes travaux ; 2) le développement excessif de l'industrie et du machinisme dans la seconde moitié du XIX° siècle, 3) l'athéisme de la science officielle qui a détruit dans la conscience de l'élite et par suite dans l'âme des foules les Idées-Mères du spiritualisme qui sont les colonnes maîtresses de la civilisation. Comment combattre ces trois fléaux plus funestes que toutes les jacqueries ? Redoutable problème. J'essayerai tout à l'heure non pas de le résoudre, mais d'y apporter un rayon de clarté.

Avant d'en venir à cette conclusion, disons un mot de la vague de lumière qui, cette fois-ci comme les précédentes, est venue à la rencontre de cette vague de ténèbres.

Celle-là est venue de tous les points de l'horizon. Providentiellement elle a précédé l'autre pour lui opposer une résistance efficace. Les forces d'en bas ne connaissent pas les puissances d'en haut, et même elles les nient, mais les puissances d'en haut connaissent les forces d'en bas. Elles prévoient leurs invasions et se préparent d'avance à les utiliser en les domptant. Cette grande vague spirituelle de l'heure présente, vous la connaissez tous puisque vous en faites partie, qu'elle vous emporte irrésistiblement et que vous y nagez chacun à sa manière.

On pourrait l'appeler *le mouvement ésotérique*, c'est-à-dire *le renouveau du monde par l'âme et par la vie intérieure*. On pourrait l'appeler encore la pénétration universelle de la Matière par l'Esprit, du Visible par l'Invisible, de l'En-deçà par l'Au-delà. Dans ce courant, on distingue trois couches et trois méthodes diverses : 1° *la psychologie expérimentale*, ou l'étude scientifique des phénomènes de l'âme ; 2° *l'occultisme*, ou l'étude historique de ces mêmes phénomènes ; 3° *la théosophie*, ou la synthèse philosophique joignant le passé à l'avenir et la tradition à l'inspiration, afin de reconstituer *l'initiation* sur des bases nouvelles. Ces trois impulsions ont formé en se confondant l'onde prodigieuse à qui la rénovation du monde est promise, si elles savent s'unir pour le but commun. Cette onde venue à la fois d'Orient et d'Occident, de l'Inde et de l'Amérique, de l'hellénisme et du christianisme, de l'Angleterre et de la France, est essentiellement conciliatrice, parce qu'elle tend à renouveler l'humanité par le dedans avant de la transformer par le dehors et qu'en toute chose elle s'adresse à l'âme comme au principe organisateur du corps. Ce mouvement est synthétique parce qu'il tend à rattacher la science la plus moderne à la sagesse védique et prévédique ; à fonder la fraternité humaine sur la fraternité des religions en remontant à leur source première ; enfin à rouvrir la porte du ciel depuis si longtemps fermée en rétablissant la communication consciente de l'homme avec l'Invisible. — Mais comment y parvenir ?

VII

LA SYNTHÈSE DES TROIS MONDES
L'AME CELTIQUE EST LA CLEF DE L'HISTOIRE
DE FRANCE

Ici se présente la grande difficulté. La vague noire forme une masse compacte et homogène, par la force d'une haine solide et d'un appétit sans limite. La vague blanche est éparse et flottante dans l'air, trop souvent divisée par la diversité de ses éléments. Les forces du Mal sont organisées ; les forces du Bien ne le sont pas. Comment les unir ? Comment créer la nouvelle aristocratie, qui ne sera fondée ni sur la naissance, ni sur la richesse, mais seulement sur la valeur intellectuelle, morale et spirituelle des hommes ?

Pour la nouvelle éducation spirituelle de l'homme, il faudrait de vrais initiés ; mais, pour que ceux-ci puissent se former et utiliser leur pouvoir éducateur, il faudrait de nouveaux cadres sociaux, conformes aux principes de la hiérarchie humaine et cosmique. En un mot, on constate qu'aujourd'hui la question de l'éducation individuelle est inséparable de la question de la réorganisation sociale. Elles ne peuvent se traiter que parallèlement.

Ici se présente à nous l'idée géniale d'un théosophe français dont le nom est aussi connu que son œuvre l'est peu. Par lui, nous allons rentrer, sous la forme d'une grandiose conception d'architecture sociale, dans les arcanes de l'Ame celtique. Je veux parler d'Alexandre Saint-Yves d'Alveydre, un Breton d'origine, en qui l'esprit visionnaire et synthétique des druides semble s'être réincarné pour s'élargir de toute la tradition de l'Orient et du christianisme ésotérique. Cette idée est celle de LA SYNARCHIE ou du *gouvernement avec principes*, opposé à L'ANARCHIE ou au *gouvernement sans principes*, sous lequel l'Europe vit depuis deux mille ans.

Je ne donnerai qu'un aperçu sommaire de la théorie de Saint-Yves. — Tous les gouvernements civilisés d'aujourd'hui reposent sur le principe de la démocratie, c'est-à-dire du pouvoir émanant de la volonté nationale. Ce principe est légitime, à condition que cette volonté soit intelligemment sélectée et fidèlement représentée, de manière à respecter les droits de tous et à leur ouvrir le chemin de la lumière. Mais comment s'opère cette sélection? Par le suffrage universel, c'est-à-dire par la masse indistincte de tous les citoyens. Ceux-ci nomment un parlement, où les députés se groupent non d'après leurs compétences, mais d'après les partis politiques. Il en résulte que le but principal du parlement n'est pas de faire des lois, mais de se disputer le pouvoir exécutif. De là un pouvoir incompétent, enfanté par une masse confuse et anarchique. — Or, un peuple n'est pas une masse amorphe et homogène, c'est un corps ayant une âme et des organes vitaux. Saint-Yves propose donc de donner à la démocratie une représentation corporative avec trois pouvoirs distincts correspondant aux trois organes de la nation, à savoir : 1° *le pouvoir économique*, s'occupant des intérêts matériels, travaux manuels et production industrielle ; 2° *Le pouvoir judiciaire et politique*, comprenant la magistrature et l'armée ; 3° *le pouvoir d'enseignement* comprenant la Science et la Religion. — Ces trois pouvoirs, issus du suffrage des intéressés éliraient un grand conseil qui constituerait le gouvernement, lequel élirait à son tour le chef de l'Etat de son propre sein. Toutes les nations faisant de même, les délégués de leurs trois pouvoirs organiques constitueraient un pouvoir suprême qui représenterait vraiment l'humanité [1].

1. La *Mission des Souverains* et la *Mission des Juifs* par Saint-Yves d'Alveydre.

Je ne sais pas, si ce schéma de réforme sociale se réalisera prochainement, ni par quels moyens on y parviendra, mais je suis convaincu qu'il est conforme aux besoins profonds de la société humaine en même temps qu'aux rapports secrets du Visible et de l'Invisible. C'est pour cela que cette idée sera un instrument puissant de réorganisation pour l'avenir. « L'esprit divin, dit Saint-Yves a toujours communié avec l'humanité visible par des *formes spirituelles* qui sont les *institutions sociales.* » Or, ce qu'il y a de saisissant et de suggestif dans cette conception trinitaire de la société, c'est qu'elle répond aussi bien à la trinité constitutive de l'homme individuel (corps, âme, esprit) qu'à la trinité cosmique (monde naturel, humain et divin) et à la trinité divine (essence, substance et vie). Voilà pourquoi une société, ainsi construite et organisée, pourrait puiser, d'une respiration régulière et harmonieuse, ses forces dans les trois mondes.

Oui, il serait vivant et parlant, il serait plastique et mélodieux ce temple humain, dont les colonnes ascendantes et aspirantes reposeraient sur la base inébranlable de la nature et qui porterait dans sa voûte lumineuse les rayons et les formes du monde céleste. Mais jusqu'à présent il y a un obstacle qui s'oppose à son édification;

c'est que ceux qui seuls pourraient le construire ne sont pas d'accord, je veux dire la Science et la Religion. Saint-Yves a laissé cette question dans l'ombre ou l'a supposée résolue, mais il s'en faut de beaucoup qu'elle le soit. En effet, ces deux puissances, qui représentent aujourd'hui le pouvoir de l'Enseignement, vivent côte à côte dans un antagonisme radical. La Science matérialiste et la Religion étroitement dogmatique prétendent chacune à l'autorité suprême et au gouvernement absolu des âmes et des esprits, la première au nom de la Nature, la seconde au nom de Dieu. Mais aucune des deux ne possède la lumière transcendante qui saurait les concilier. Car ni l'une ni l'autre ne possède l'initiation, cette clef de l'Invisible, qui ouvre la porte des mondes supérieurs et confère la vraie foi. Il s'en suit qu'aucune des deux n'est capable de former des âmes vraiment conscientes, fortes et libres.

Et pourtant, il y aurait un terrain commun sur lequel elles pourraient se rencontrer et s'entendre pour l'éducation de la jeunesse, tout en conservant chacune sa tradition. Il faudrait pour cela leur faire admettre deux idées qu'elles n'ont pas voulu reconnaître jusqu'à ce jour. La première est *l'évolution des âmes à travers la pluralité des existences*, évolution analogue et parallèle à celle des corps dans la nature visible. Cette idée est d'une importance souveraine parce qu'elle donne un concept organique de l'immortalité de l'âme. La seconde est *la continuité de l'inspiration dans l'histoire*, idée non moins capitale, car elle justifie la diversité des religions par leur unité primordiale et finale. De ces deux idées, la première regarde surtout la Science, la seconde la Religion. Mais au fond, elles sont corrélatives et inséparables. C'est d'ailleurs une vieille idée celtique. Les druides aussi connaissaient ces deux sagesses, dont l'une contient tout le passé terrestre et l'autre tout l'avenir céleste. Tant que la Science et la Religion ne se décideront pas à ressaisir ces deux coupes et à y laisser boire l'humanité, on pourra dire à la Science comme à la Religion : « Vous mutilez l'âme humaine, vous maintenez les consciences dans les ténèbres, parce que vous n'allez pas, vous Science, jusqu'au bout de votre Raison, et vous Religion, jusqu'au bout de votre Foi ! — Il faut que vous fassiez de l'idée de l'immortalité facultative et progressive de l'âme — l'axe de l'Éducation — et de l'idée de Dieu, de l'Esprit pur, de l'Animateur universel — le centre organique de la Science — Sinon vous ne verrez partout que le chaos, et vous n'enfanterez que l'anarchie et la destruction. La

Lumière, la Justice et le Droit pour tous — oui certes — *mais le monde sera réformé par en-haut et non par en-bas.*

Il est possible que ni la Science ni la Religion n'aient le courage de faire ce geste libérateur que nous attendons d'elles, avant que la vague bolcheviste ne les menace de les jeter l'une par-dessus l'autre et qu'il ne soit peut-être trop tard. Mais alors ne serait-ce pas à l'Art de commencer, si, à l'aide de la divination et de la Poésie rénovatrice, il pouvait redevenir l'Art initiateur et sauveur ? Ah ! que de belles œuvres d'eurythmie, de salvation et de résurrection dorment encore dans les flancs mystérieux de la nature et de l'humanité ! Que d'âmes, qui vécurent jadis, attendent dans les limbes la baguette magique de l'évocateur qui les fera revivre sous une forme nouvelle ! Que de figures tendres ou fières, éclatantes ou sombres, qui n'ont pas encore pris corps et jamais vu le jour, qui brûlent d'entrer dans le verbe sonore et dans le sang de la vie !

Selon une vieille tradition galloise, lorsque la puissante et redoutable Viviane entraîna Merlin dans l'abîme, son ange-gardienne Radiance sauva sa harpe du naufrage et la porta dans une île perdue de l'Atlantique, parmi les Hébrydes, au nord de l'Écosse. Là, elle cacha la lyre précieuse, loin des profanes et des pirates, dans une grotte profonde formée par des colonnes de basalte, où seules pénètrent les vagues furieuses de l'Océan. Parfois les marins hardis qui s'y risquent aperçoivent l'instrument merveilleux suspendu, comme une harpe éolienne dans une trouée lumineuse du rocher, et prêtent l'oreille aux longs soupirs qu'en tire le vent.

Si jamais, disaient les bardes, Merlin se réveillait de son long sommeil et, sortant de son abîme, parvenait à ressaisir sa harpe, alors le vieux monde celtique revivrait dans une splendeur nouvelle. Alors se réaliserait cette prédiction, du vieil Enchanteur : « Les cendres du passé renaîtront » et celle-ci : « Le monde sera perdu par une femme et sauvé par une autre. »

Cette légende résume peut-être l'histoire du génie de la France et de l'Ame celtique que j'ai dans ces deux études, très imparfaitement esquissée devant vous.

Quand ce fier et noble Génie français s'arrachant à un long sommeil, aura retraversé de bas en haut les trois mondes qu'il a descendu de haut en bas pour les explorer et les connaître à fond, quand, ayant remonté les ténèbres du gouffre, il aura franchi le crépuscule *d'Abred* et gagné la sphère sereine de *Gwynfyd*..... alors, sur l'arche fulgurante qui conduit au Verbe solaire, il rencontrera une figure de femme diaphane, qui lui dira de sa voix suave : « Tu ne m'as jamais perdue, tu m'avais seulement oubliée... En remplissant ta mission tu as retrouvé ta Radiance.....

Je suis plus que toi-même....,
Je suis ton désir immortel.....
Je suis l'Ame Celtique ! »

JEANNE D'ARC

ET

L'INSPIRATION DANS L'HISTOIRE

> Il y en a plus au livre de Dieu que dans les vôtres.
>
> JEANNE D'ARC
> *devant l'assemblée des docteurs de Poitiers.*

I

APERÇU HISTORIQUE DES JUGEMENTS
SUR JEANNE D'ARC [1]

Rien ne prouve mieux l'attrait fascinant de la personnalité de Jeanne d'Arc que les jugements contradictoires portés sur elle de son vivant et surtout depuis sa mort. L'histoire de ces jugements n'est pas moins curieuse et moins mouvementée que l'histoire de sa vie. On peut même dire que son *procès de condamnation et de réhabilitation* a été repris de siècle en siècle. L'Église de Rome, qui l'avait condamnée jadis par la voix d'un évêque, d'un inquisiteur, de deux prélats et de presque tous les théologiens de la Sorbonne, a hésité pendant cinq siècles avant de l'adopter en la béatifiant cette année même. Mais ce qu'on pourrait appeler le procès psy-

1. Conférence faite à la salle des fêtes de l'hôtel de la Ville de Paris, à Strasbourg, au cercle *La Revue Alsacienne Illustrée*, le 29 octobre 1909, à la prière de mon regretté ami, le Dr Pierre Bucher.

chologique de Jeanne d'Arc n'est pas encore vidé aux yeux de la science et de la philosophie modernes.

Résumons brièvement l'histoire de ces jugements sur la Pucelle d'Orléans.

La légende de Jeanne d'Arc a commencé de son vivant. Dès qu'elle eut délivré Orléans par sa puissante initiative, elle devint le personnage le plus populaire de France et sa renommée retentit dans toute l'Europe. Pour les Anglais, elle fut la sorcière démoniaque, vendue au diable, paralysant ses adversaires par ses maléfices. Pour les Français, elle fut l'envoyée céleste, l'ange libérateur, la sainte héroïque. On la retrouve chevauchant et combattant, avec son armure et son oriflamme, dans tous les chroniqueurs du temps, dans Monstrelet, dans la chronique du Bourgeois de Paris, dans celle de Cousinot qui lui est consacrée. Les crédules historiens d'alors lui attribuent certes une foule de miracles qu'elle n'a pas faits, mais, quant à sa personnalité, on constate une fois de plus que, si la légende populaire magnifie ses héros, elle se trompe rarement sur le fond de leur âme et sur leur caractère. Car, dans ces récits naïfs, la Pucelle d'Orléans se montre telle qu'elle devait sortir avec plus de force et d'éclat des documents publiés quatre siècles plus tard, intrépide et douce, un mélange d'enthousiasme, de bon sens et de finesse.

Si Jeanne d'Arc apparut à ses contemporains comme la fleur exquise de la chevalerie, dans ce xve siècle où commence la décadence de la chevalerie, elle devait être presque totalement oubliée au siècle suivant que remplissent les guerres religieuses entre catholiques et protestants. Le xviie siècle fut par excellence celui de la littérature classique, de la théologie abstraite et de l'autorité cléricale. Jeanne d'Arc, la libre inspirée, la sainte combative gênait ses dogmes et crevait ses cadres. Bossuet, dans son *Abrégé de l'Histoire de France pour l'instruction du Dauphin*, ne s'exprime qu'avec réserve et en termes ambigus sur les miracles attribués à la Pucelle. Il flaire en elle une mystique indépendante et une hérétique dangereuse. Le xviiie siècle est celui de tous qui pouvait le moins comprendre Jeanne d'Arc. La révolte contre les abus de l'Église, accompagnée du rationalisme intolérant des Encyclopédistes, la galanterie mondaine et le libertinage élégant, tout cela éloignait les beaux esprits d'alors de la visionnaire de Domrémy. Tout le monde connaît la bouffonnerie injurieuse dont Voltaire a souillé son œuvre avec son poème satirique sur *la Pucelle*. — Son jugement sur elle dans son *Essai sur les mœurs* est le correctif de sa gaminerie blasphématoire. Il y dit : « Cette héroïne fit à ses juges une réponse digne d'une mémoire éternelle... Ils firent mourir par le feu celle qui, pour avoir sauvé son roi, aurait eu des autels dans les temps héroïques où les hommes en élevaient à leurs défenseurs. »

On a appelé le xix° siècle le siécle de l'histoire, et cela est vrai en bien des sens. C'est lui qui devait pour la première fois rendre pleine justice à Jeanne d'Arc. Son procès, publié par Jules Quicherat, fut une des plus grandes surprises de la science historique. La Jeanne d'Arc qui ressort de l'interrogatoire devant les juges de Rouen, fait pâlir celle de la légende et de la poésie. Elle est à la fois plus vivante et plus grande. Certes, la *Jungfrau von Orléans*, de Schiller, est une noble tragédie, mais pour une fois la réalité s'est montrée supérieure à la fiction. Car la Jeanne d'Arc, qui se révèle à nous en détail, dans ces réponses arrachées à la jeune fille par ses juges, réponses d'une ingénuité et d'une force jaillissante, cette Jeanne d'Arc là brille d'une lumière plus riche et plus éblouissante que celle du grand poète allemand. Quicherat, qui a révélé au monde ces documents inappréciables, a porté sur Jeanne d'Arc un jugement qui fait autorité jusqu'à ce jour pour tous

les historiens sérieux. Or — et ici nous touchons
au cœur du sujet — Quicherat constate dans
l'histoire de Jeanne d'Arc des faits merveilleux,
c'est-à-dire des faits supranormaux qu'on ne
peut attribuer à des causes connues. Quoique
libre penseur et notoirement anti-clérical, sa probité d'historien et de critique l'oblige à reconnaître à cette jeune paysanne *le don de seconde
vue et de prophétie*. Il reconnaît en outre qu'elle
fut poussée à ses actions prodigieuses par ses
Voix et ses Visions. Mais ces Visions et ces
Voix, il renonce à les expliquer. Il s'incline res-
pectueusement devant l'héroïne et s'arrête devant l'inexplicable.

Notez qu'un tel jugement, confirmé par tous
les historiens dignes de ce nom, fait à Jeanne
d'Arc une situation unique dans l'histoire et
dans l'hagiographie. D'autres histoires de saints
et de saintes, qui abondent en faits merveilleux,
ne sont pas appuyées de pièces aussi irréfutables.
La vie de François d'Assise ne nous est connue
que par les récits de ses disciples et celle de
Catherine de Sienne par son confesseur Ray-
mond de Capoue, tandis que des centaines de
témoins, appelés aux procès de condamnation et
de réhabilitation, confirment les miracles de la vie
de Jeanne d'Arc. Impossible de reléguer ces faits
dans *la légende dorée*. Ces faits sont de l'histoire

au même titre que tous les autres. Certes, il y a dans l'histoire universelle une immense quantité de faits inexpliqués et qui échappent à la commune mesure. Mais l'histoire de Jeanne d'Arc a quelque chose de particulièrement gênant pour la philosophie matérialiste, parce qu'elle est plus fortement documentée que les autres, qu'elle nous touche de près et qu'ici ce qu'on appelle le miracle crève les yeux. Cela posé, il devient évident que la figure de Jeanne d'Arc apparaît comme un point noir dans l'azur immaculé du matérialisme triomphant. On peut même affirmer que tout positiviste convaincu éprouve en lisant cette histoire une sorte d'indignation et qu'elle demeure comme une épine dans ses yeux.

Mais que les positivistes se rassurent. Le matérialisme contemporain, menacé d'autre part par toutes sortes d'ennemis, dont le plus proche et le plus dangereux s'appelle la psychologie expérimentale, ce matérialisme qui gouverne souverainement et paisiblement les consciences depuis cinquante ans et qui serait très fâché de renoncer à ses privilèges, a trouvé un défenseur de marque, un véritable chevalier. Ce chevalier, c'est M. Anatole France.

Styliste de premier ordre, romancier ingénieux, amateur de raretés et fureteur des curiosités historiques, M. France est l'auteur de nos

jours qui a su le mieux s'adapter au dilettan-
tisme sceptique et raffiné de notre temps. Son
esprit est d'une extrême subtilité, sa forme
d'une grâce attique et sa pensée essentiellement
négative. Le fond de sa nature est l'ironie
joyeuse et toujours satisfaite d'elle-même. Pas
d'incrédule plus heureux dans son matérialisme
esthétique. Sa plus haute, sa plus fine jouis-
sance est de constater à quel point les hommes
sont dupes de leurs illusions. Un écureuil, cro-
quant des noix sur les hautes branches d'un
chêne, ne se moque pas plus délicieusement d'un
chien qui aboie au pied de l'arbre, que M. Anatole
France du mystique et du croyant aspirant à
la vérité. Avec tout cela, quel charmeur ! Personne ne sait mieux que lui décrire un paysage,
raconter une légende, dessiner la figure d'une
châtelaine ou d'une sainte. C'est, si vous le
voulez, un Grec de l'anthologie, un composé de
Méléagre et de Lucien, qui rit de la vanité des
Dieux en jouissant de la vie.

Doué de cet heureux tempérament, M. Anatole France s'apprêtait depuis vingt ans à nous
donner de Jeanne d'Arc une « explication » nouvelle, selon sa propre expression, une explication qui effacerait de son histoire tout ce qu'elle
renferme encore de merveilleux et d'extraordi-
naire et de « la ramener, comme il dit, à l'hu--

manité ». Cet ouvrage a paru, vous le savez, au commencement de l'année dernière, en deux gros volumes où l'on retrouve la souplesse multiforme et l'ingéniosité complexe du talent de M. France. Ce qui frappe en plus et ce qui semble, au premier moment, d'une tactique habile, ce livre est armé d'un luxe inusité d'érudition. Sur les mille pages qui composent ces deux volumes touffus, il n'en est guère une seule qui ne porte en bas une longue liste de notes, références aux chroniques et documents de l'époque.

Quel est donc le résultat de cet imposant labeur ? Quelle est la nouvelle Jeanne d'Arc que M. Anatole France tire de tant de poussière remuée ? L'idée fondamentale, essentielle, la découverte dont il est fier et dont il se vante est celle-ci : Jeanne d'Arc ne fut ni une voyante, ni une héroïne, mais tout simplement « une béguine hallucinée » dirigée par des prêtres, qui lui soufflèrent point pour point et mot à mot sa mission et son rôle.

Le Dr Georges Dumas, professeur de psychiâtrie à la Sorbonne, consulté par M. France, a eu beau lui répondre que Jeanne, d'après tous les témoignages contemporains, n'offre aucun trait d'hystérie ou d'hallucination maladive, pour M. Anatole France elle demeure « la béguine hallucinée ». Et comment le prouve-t-il ? En essayant de l'assimiler à des visionnaires de bas étage, intrigantes ou folles, qu'il ramasse dans tous les siècles. Aux lecteurs inexpérimentés, il réussit à faire voir Jeanne d'Arc sous le jour d'une névrosée de la Salpêtrière. Là-dessus il s'extasie et déclare sa découverte « d'une conséquence infinie ».

La Pucelle d'Orléans ainsi posée, contre le témoignage même de la science médicale d'aujourd'hui, comment M. France prouvera-t-il que cette béguine hallucinée a été menée par les prêtres et qu'on lui a soufflé son rôle ? Oh ! rien de plus simple. Citons ici le romancier malicieux devenu historien et admirons la désinvolture avec laquelle il tranche les questions les plus graves. « Ce que nous connaissons d'elle, dit-il, avant son arrivée à Chinon, se réduit à très peu de chose (Notez que nous connaissons très bien l'enfance et l'adolescence de Jeanne par son procès et que M. France lui-même la raconte tout au long à sa manière). *On est porté à croire* qu'elle avait subi certaines influences ; c'est le cas de toutes les visionnaires ; un directeur *qu'on ne voit pas les mène* (assertion gratuite et contredite par l'histoire de Catherine de Sienne, de Sainte Thérèse et de toutes les grandes mystiques). *Il en dût être ainsi de Jeanne... Elle dût* fréquenter des prêtres fidèles à la cause du dauphin Charles et qui surtout souhaitaient la fin de la guerre [1]... » *On est porté à croire... il en dût être ainsi...* locutions surprenantes dans la bouche d'un historien qui se flatte d'être plus positif que ses prédécesseurs ! Lisez les mille pages de M. Anatole France avec leurs cinq mille références, et je vous défie d'y trouver une autre preuve de la prétendue soumission de Jeanne d'Arc à des prêtres suggestionneurs que ce pauvre, que ce timide et sournois imparfait du subjonctif !

Pour soutenir cette théorie invraisemblable, M. France a échafaudé un système historique surprenant et cela en tordant les faits à sa guise, entassant les fausses citations sur les textes imaginaires. En vérité, les juges de Rouen, suppôts de Bedford et du cardinal Winchester, les théologiens hérissés de scolastique, les docteurs fourrés de la Sorbonne, les inquisiteurs chafouins avec l'illustre Cauchon en tête, n'ont pas fait preuve d'une ingéniosité plus maligne, ils n'ont pas étalé un appareil de sophismes plus retors pour démontrer que la Pucelle fut « hérétique et sorcière, relapse, idolâtre et démoniaque », que M. France pour nous prouver son impuissance et sa nullité. Après les *procès de*

1. Préface, xxxix.

condamnation et de réhabilitation, il aura eu la gloire singulière d'instituer *le procès de dégradation* de notre héroïne nationale.

Je résume sa pensée et son livre : 1° la visionnaire de Domrémy qui détermina Charles VII à lui donner une armée pour marcher contre les Anglais ne fut qu'un instrument docile entre les mains des prêtres qui lui soufflèrent ses paroles et ses actions ; 2° la délivrance d'Orléans est due non pas à l'initiative et au courage de Jeanne d'Arc, mais à une série de hasards heureux et à l'affaiblissement des Anglais ; 3° le couronnement de Reims est le résultat d'une conjuration politico-cléricale à laquelle la Pucelle se prêta inconsciemment ; 4° le recul des Anglais et l'abandon ultérieur du territoire par eux est un fait aussi naturel que le reflux de l'Océan après la marée. Il serait advenu sans la Pucelle, beaucoup mieux et beaucoup plus vite. « La béguine hallucinée » n'a fait que retarder cet événement fatal [1].

1. Il existe une lettre attristée de Bedford, gouverneur de Paris, au roi Henri VI d'Angleterre (datée de 1433). Cotton Mss. Titus. E. ff. 372-373, constatant qu'en peu de mois Jeanne d'Arc a refoulé les Anglais des bords de la Loire jusqu'à ceux de l'Oise. Quelle preuve plus irrécusable de son œuvre que ce témoignage de son plus grand adversaire ? Que répond M. France à cet argument péremptoire? Il fait semblant d'ignorer la lettre et n'en souffle mot. Mais il y a mieux. Tous les témoins qui attribuent à Jeanne des faits héroïques ou mer-

Le simple énoncé de ces propositions les juge. Elles ressemblent à une sorte de gageure. Elles se moquent du bon sens, elles foulent aux pieds les témoignages les plus authentiques et rendent les événements incompréhensibles. Personne n'admettra jamais qu'une « idiote hallucinée » ait pu entraîner un roi fainéant à la guerre, soulever un peuple et libérer la France de l'étranger. On pourrait appeler l'histoire ainsi conçue *une suite d'effets sans causes*. Dans un livre sobre et précis, M. Andrew Lang, un Écossais, historien de haute valeur, auteur lui-même d'une fort belle vie de Jeanne d'Arc, *The Maid of France*, a mis à nu toutes les contradictions de M. Anatole France, les partis pris absolus qui faussent sa vue et la fragilité de son érudition laborieuse qui consiste surtout en fausses références et en textes introuvables [1]. Il n'était

veilleux sont déclarés de prime abord et en masse vendus et parjures. Ceux au contraire qui la chargent ou la calomnient reçoivent des brevets d'hommes supérieurs. Ces procédés donnent la mesure de la justice de M. A. France.

1. Rendons hommage, à ce propos, à la probité et au sérieux de la critique française. M. Gabriel Monod, dans *la Revue historique*, a déclaré le système de « la béguine hallucinée » et de Jeanne d'Arc suggestionnée par les prêtres « insoutenable ». M. Salomon Reinach, dans *la Revue Critique*, a jugé une révision du livre « indispensable », et M. Germain-Lefèvre-Pontalis est du même avis. Ces jugements ont d'autant plus de valeur que ces trois écrivains de marque, connus pour la sévérité de leur critique, sont des amis de M. Anatole France, et

pas besoin de cette démonstration pour rendre la théorie de l'auteur insoutenable, mais après cette réfutation, textes en main, il faut reconnaître qu'abstraction faite des grâces littéraires de M. France et de certaines curiosités archéologiques, il ne reste rien de son livre au point de vue de l'histoire.

On peut donc affirmer que l'énigme de Jeanne d'Arc demeure entière. Je vais essayer, non pas de la résoudre, mais d'y mettre un peu de lumière en m'aidant des données de la psychologie expérimentale et de quelques idées de la tradition ésotérique.

ont tout aussi peu de goût que lui pour toute espèce de merveilleux. Avec sa souplesse habituelle et son geste fuyant, M. Anatole France s'en est tiré par un compliment. Dans la préface de sa nouvelle édition, il feint d'avoir tenu compte de ces critiques, mais il n'en est rien. C'est à peine s'il a supprimé deux ou trois citations sur quatre-vingts citations fausses; négligences regrettables, qui, toutes, remarquez-le bien, sont à la charge et au détriment de Jeanne d'Arc. Je recommande à tous les lecteurs de M. France qui l'ont cru sur parole et qui s'imaginent qu'il ne s'est écarté « d'aucune des règles en usage pour la vérité historique » de lire l'excellent et intéressant ouvrage de M. Andrew Lang, *La Jeanne d'Arc de M. Anatole France* (Perrin, 1909) qui traite la question à fond, tant au point de vue de l'exactitude des textes que de leur interprétation. Voir aussi l'excellent article de Theodor de Wyzewa sur *Jeanne d'Arc d'après un livre récent*, dans *la Revue des deux Mondes* du 15 avril 1909.

II

LA PSYCHOLOGIE SUR JEANNE D'ARC

I. *L'Origine de la Mission. Les Voix et les Visions.* — On sait l'état du pays au moment où Jeanne d'Arc vint au monde. La France ruinée par cent ans de massacres et de pillages, divisée entre les Armagnacs et les Bourguignons, aux deux tiers conquise par les Anglais, réduite au bassin de la Loire avec des lambeaux de l'Est et du Midi, le Nord et l'Ouest étant au pouvoir de l'ennemi. Le royaume gouverné par Isabeau de Bavière, veuve dissolue d'un roi fou, en attendant qu'il tombât dans les mains du dauphin Charles VII, souverain débonnaire, mais faible et mou. Le duc Charles d'Orléans captif en Angleterre après la terrible défaite d'Azincourt. Dans toutes les provinces, le brigandage, la famine et la peste. C'est le temps où la danse macabre se répand dans le peuple comme une ivresse funèbre pour narguer la mort. Les grands vassaux se disputent ce qui reste du royaume, intriguant à qui serait connétable de France. C'est à ce moment que naît Jeanne d'Arc, au petit village de Domrémy, blotti dans la paisible vallée où la

Meuse serpente entre des prairies qu'abritent des collines aux pentes légères, couronnées de bois touffus. Fille d'un paysan aisé, « Jeanne était bonne, simple et douce. Elle filait, faisait le ménage comme les autres, rougissait quand on lui disait qu'elle était trop dévote et qu'elle allait trop à l'église[1] ». Elle devint forte et belle, mais restait presque toujours repliée sur elle-même, fuyant ses compagnes. Son âme singulière ne vibrait qu'au son des cloches et se recueillait souvent dans la pénombre des chênes. Elle avait vu le village saccagé, sa maison dévastée, l'église incendiée par les Bourguignons. Ces choses avaient rempli son cœur de tristesse et d'horreur, mais elle ne confiait ses pensées à personne. Elle s'écoutait en silence et vivait plongée dans ses rêveries.

Elle avait treize ans, quand elle entendit ses Voix pour la première fois. « Un jour d'été, jour de jeûne, à midi, Jeanne était au jardin de son père, tout près de l'église, elle vit de ce côté une éblouissante lumière et entendit une voix : « Jeanne, sois bonne et sage enfant, va souvent à l'église. » La pauvre fille eut grand'peur. Une autre fois, elle entendit encore la voix, vit la clarté et dans cette clarté de nobles figures dont

---

1. Michelet, d'après le procès.

l'une avait des ailes et semblait un sage prud'homme. Il lui dit : « Jeanne, va au secours du roi de France, et tu lui rendras son royaume. » Elle répond : « Messire, je ne suis qu'une pauvre fille, je ne saurais chevaucher ni conduire des hommes d'armes. » La voix réplique : « Tu iras trouver le sire de Baudricourt, capitaine de Vaucouleurs, et il te fera mener au roi. Sainte Catherine et sainte Marguerite viendront t'assister. » Elle reste stupéfaite et en larmes comme si elle eût vu sa destinée entière.

« Le prud'homme n'était rien moins que saint Michel, le sévère archange des jugements de bataille. Il revint lui rendre courage, lui raconta « la pitié qui estoit au royaume de France ». Puis vinrent les blanches figures des saintes, parmi d'innombrables lumières, la tête parée de riches couronnes, la voix douce et attendrissante. Jeanne passait des heures dans cet état visionnaire et pleurait quand les saintes la quittaient. « J'aurais voulu, dit-elle, que les anges m'eussent emportée ! » Elle pleurait aussi d'effroi, car elle entrevoyait sa mission : quitter sa famille, braver son père, vivre parmi les hommes et les soldats. Quitter ce petit jardin, où elle vivait à l'ombre de l'église, où elle n'entendait que le son des cloches, où les oiseaux mangeaient dans sa main. »

Rappelons-nous que Jeanne eut ce phénomène des Voix et des Visions presque tous les jours, pendant cinq années consécutives (de treize à dix-huit ans) avant de se décider à se rendre auprès du sire de Baudricourt qui devait la conduire au roi, ce qui advint au moment où il fallait à tout prix qu'Orléans fût délivré pour sauver la France.

Ce fut une préparation savante et graduée, une véritable incubation de son âme pour y créer *une conscience nouvelle*, CONTRE *sa volonté première. Cette initiation fut commencée longtemps à l'avance et parachevée à l'heure imminente de l'action nécessaire.* Il est certain que les Voix agissent et parlent d'après un plan préconçu, avec des idées et des intentions très supérieures à la conscience d'une petite fille de treize ans et même d'une paysanne de dix-huit ans, fût-elle la plus intelligente du village. Elles savent des choses qu'elle ne peut pas savoir ; elles parlent au nom de Charlemagne et de saint Louis, elles lui ordonnent des actions qui l'épouvantent d'abord et une mission qu'elle n'accepte que peu à peu. Elles l'éveillent doucement, lui promettent aide et secours, puis l'excitent, l'enflamment et la lancent à l'œuvre au moment décisif. Point capital, au départ, elles lui commandent les trois étapes de sa mission : Chinon, Orléans et Reims. Enfin, elles lui indiquent le premier moyen d'exécution, qui est d'aller trouver le sire de Baudricourt.

Michelet a raison de dire que ces luttes intérieures, qui précédèrent sa résolution définitive, alors devenue inébranlable, furent son grand combat. « Ceux qu'elle soutint contre les Anglais ne furent qu'un jeu à côté. » Son père la menaçait « de la noyer de sa propre main » si elle allait parmi les gens de guerre comme elle l'avait annoncé. On voulut la marier de force. On la traîna devant un juge ecclésiastique avec un prétendu fiancé. Elle déclara qu'elle se laisserait plutôt condamner que marier. Enfin elle persuada à son oncle de la conduire devant le sire de Baudricourt. Celui-ci commença par répondre au paysan qu'il faut ramener cette folle à son père, « bien souffletée ». Jeanne ne se rebute pas et va, dans ses habits rouges de paysanne, trouver le sire de Baudricourt et lui dit : « qu'elle venait vers lui de la part de son Seigneur, pour qu'il mandât au Dauphin de se maintenir et qu'il n'assignât point bataille à ses ennemis, parce que son Seigneur lui donnerait secours dans la mi-carême ». Elle ajoutait que, malgré les ennemis du Dauphin, il serait fait roi et qu'elle le mènerait sacrer. Le capitaine de Baudricourt crut à une diablerie et appela le curé. Celui-ci arriva, déploya son étole et adjura

Jeanne de s'éloigner. Elle ne bougea pas. Alors, un gentilhomme, touché de son assurance, lui promit par sa foi, la main dans la sienne, qu'il la mènerait au roi. Baudricourt ébranlé fit demander par un messager l'autorisation du roi. Celui-ci, c'est-à-dire son conseil, consentit. Le revers de la journée des harengs décidait à essayer de tous les moyens. Elle avait annoncé le combat le jour même qu'il avait eu lieu. Les gens de Vaucouleurs, ne doutant point de sa mission, se cotisèrent pour l'équiper et lui acheter un cheval. (Michelet.) Et voilà la paysanne de Domrémy, en habit d'homme, sur son cheval de guerre, l'épée au côté, confiante et sereine, traversant la France infestée de soldats et de brigands. Voyant que ses compagnons, rudes écuyers, ont peur et doutent qu'on échappe à tous les dangers du chemin, elle leur dit ces paroles superbes : « Ne craignez rien, Dieu me fait ma route, c'est pour cela que je suis née ! » Et elle ajoute souriante : « Mes frères du paradis me disent ce que j'ai à faire. »

— Tels sont les faits principaux et incontestables, relatifs à l'adolescence de Jeanne d'Arc et aux débuts de sa carrière. Ils sont assez extraordinaires pour avoir mis à une rude épreuve la sagacité des historiens et la subtilité des psychologues. — L'explication de Michelet est celle qui a prévalu parmi les historiens laïques et dans l'enseignement public. « L'originalité de la Pucelle, dit-il, ce qui fit son succès, ce ne fut pas tant sa vaillance et ses visions, ce fut son bon sens. A travers son enthousiasme, cette fille du peuple vit la question et sut la résoudre. » Mais le bon sens est ici tout à fait insuffisant. Il n'explique ni la formidable mission qui vint subitement s'abattre du dehors sur une enfant de treize ans en la bouleversant de fond en comble, ni la transformation radicale de sa personnalité qui s'opéra dans les cinq années suivantes par la répétition quotidienne du phénomène visionnaire, si bien que nous voyons une guerrière intrépide se former dans la fileuse de Domrémy. Ce n'est pas sur le champ de bataille que s'est trempé le courage de Jeanne d'Arc. Lorsqu'elle y vint, son âme portait déjà une armure plus infrangible que la cuirasse d'acier qui recouvrait sa poitrine de vierge. C'est dans l'ardeur de ses visions, c'est dans la sueur de ses extases qu'elle a bu sa force. Remarquons aussi que sa mission ne naît pas en elle du spectacle de la guerre, comme on le prétend. C'est une de ses Voix, celle qui parle au nom de Mikaël, qui lui raconte longuement et fréquemment, selon ses propres expressions, « la grande pitié qui est au royaume de France ». Enfin ce n'est pas le simple bon sens d'une pay-

sanne perdue dans un hameau de Lorraine qui
pouvait avoir conçu les trois étapes du plan
libérateur : persuader le roi, délivrer Orléans et
couronner Charles VII à Reims. Ce plan est à
lui seul une conception historique et politique,
supposant une intelligence de premier ordre
qu'il est impossible de prêter à une enfant de
treize ans. Donc Michelet, malgré sa compréhension poétique de l'âme de Jeanne d'Arc, malgré le récit admirable qu'il nous a donné de sa
vie, ne nous fait pas comprendre l'origine de sa
mission.

L'explication de Henri Martin est plus profonde et se rapproche de la vérité transcendante.
Voici ce qu'il dit : « La philosophie pourrait soutenir que l'illusion de l'inspiré consiste à prendre pour une révélation apportée par des êtres
extérieurs, anges, saints ou génies, les révélations intérieures de cette personnalité infinie qui
est en nous et qui parfois, chez les meilleurs et
les plus grands, manifeste par éclairs des forces
latentes dépassant presque sans mesure les facultés de notre condition actuelle. Dans la langue des anciennes philosophies et des religions
les plus élevées, ce sont les révélations du *fé-
rouer* mazdéen, du bon démon (celui de Socrate),
de l'ange gardien, de cet autre *Moi* qui n'est que
le *moi éternel*, en pleine possession de lui-même,

l'*awen* des Celtes, d'après les triades des bardes
de Gallois. »

Or, cette personnalité supérieure, dont parle
ici l'historien français et qu'il trouve dans le fond
ésotérique des anciennes religions, n'est pas autre chose que le *moi subsconscient* retrouvé dans
l'homme par cette science à la fois ancienne et
nouvelle, qu'on appelle aujourd'hui la psychologie expérimentale. Ceux qui s'en sont occupés
pratiquement savent que, chez certains sujets, il
se développe dans le sommeil magnétique ou
naturel, une personnalité nouvelle, un moi différent, qui, sans être absolument distinct du moi
ordinaire, a d'autres facultés, d'autres percep-
tions avec un horizon plus vaste, dont le regard
porte plus avant dans les dessous du monde physique et en atteint parfois un autre qui semble
transparent et illimité, où les conditions de l'espace et du temps sont changées. Or, ce *moi subconscient* ou *supraconscient* vit et respire dans
cet autre monde. Il en parle et le décrit comme
son monde à lui, et toujours il affirme catégo-
riquement qu'il est, lui, le moi immortel de
l'homme, celui qui survit à la mort physique.
C'est en quelque sorte l'individualité éternelle
et spirituelle qui se dégage momentanément de
la personnalité éphémère et physique. Je renvoie
ceux qui voudraient se donner une idée de la

manière scientifique dont ce phénomène a été étudié au livre sur *La Personnalité humaine* de M. Myers, l'un des fondateurs de *la Société des recherches psychiques* de Londres et dans le beau livre du docteur Geley : *De l'Inconscient au Conscient*. Tel est le fait, aujourd'hui scientifiquement constaté, formant la base de ce qui, dans toutes les religions et dans tous les temps, s'est appelé *extase, inspiration, révélation*.

Il est donc certain que Henri Martin en parlant d'une personnalité supérieure dans Jeanne d'Arc, en l'assimilant au génie, à l'*Awenn* des Celtes, a touché le nœud du problème, le point vital qui est le joint entre le visible et l'invisible. Seulement il n'a pas tiré de cette vue géniale les conséquences auxquelles elle conduit forcément et qui s'éclairent pour nous d'un jour plus vif par les récents travaux de la psychologie expérimentale. Car, si le moi supérieur, intimement et mystérieusement lié à notre moi ordinaire, existe, s'il y a un *moi subliminal,* un *subconscient* ou un *supraconscient,* qui est-il ? d'où sort-il ? et d'où lui viennent ses connaissances supérieures, sa vue plus étendue, sinon d'un monde supérieur à nos sens, qui est son atmosphère natale à travers toutes ses métamorphoses ? Et alors, pourquoi ne pas admettre que ce monde ait des individualités, sinon pareilles, du moins analogues à la nôtre, avec lesquelles il est en communication, individualités tantôt inférieures, tantôt supérieures, formant une chaîne harmonique, une immense hiérarchie, conforme aux lois éternelles du Kosmos ? En un mot, *le subconscient prouve l'au delà, parce qu'il en fait partie et le manifeste.*

Tel est le point de vue nouveau que nous impose la plus récente psychologie expérimentale, et qui est destiné, dans un avenir prochain, à révolutionner de fond en comble le concept de l'homme, de l'histoire et de l'univers en les élargissant à l'infini. Je ne prétends pas que le subconscient ou l'individualité seconde explique tout dans la vie de Jeanne d'Arc, car ce n'est qu'un premier pas dans un monde inconnu, mais il ouvre une porte par où entre un jet de lumière. Peu nous importe, pour le moment, de savoir quelles sortes d'individualités ont parlé à Jeanne au nom de l'archange Mikaël, de sainte Marguerite, et de sainte Catherine. Bornons-nous à constater que Jeanne d'Arc agit sous l'influence de puissances spirituelles qui lui inculquent une pensée fondamentale avec la marche à suivre pour l'exécution. Une remarque est encore nécessaire, c'est qu'à toutes les époques, chez toutes les nations, les esprits qui ont poussé les prophètes à de grandes tâches, qu'il s'agisse de Zoroastre, de Moïse, du Christ ou de Mahomet, ont toujours revêtu l'apparence et pris des noms conformes à la mentalité de l'époque, parce qu'autrement ils n'auraient eu aucune prise sur les foules qu'il s'agissait de mettre en mouvement.

II. *Les facultés supranormales : seconde vue, prophétie, lecture dans la pensée.* — J'ai tenté de définir la mission de Jeanne d'Arc en éclairant le phénomène psychique d'où elle est sortie. Donnons maintenant un coup d'œil aux faits extraordinaires qui marquent sa carrière et qui dénotent chez elle des facultés supranormales et qui furent pour elle des moyens d'action. Il y en eut beaucoup sur lesquels nous n'avons pas de preuves absolues, mais Quicherat en reconnaît trois irréfutables. C'est d'abord l'épée de Fierbois qu'elle déclara être ensevelie sous un autel de la chapelle de Sainte-Catherine, qui fut trouvée là et qu'elle voulut porter. C'est ensuite la blessure qu'elle reçut à l'assaut du fort des Tournelles par une flèche qui lui traversa l'épaule et qu'elle avait prédit la veille en désignant même l'endroit au-dessus du sein. C'est enfin « le secret du roi » qu'elle pénétra à sa première entrevue avec lui. J'y insiste un moment, parce que de ce fait initial dépendait la réussite de toute son entreprise.

Pendant ses méditations à Domrémy, comme pendant sa longue chevauchée de Vaucouleurs à Chinon, Jeanne d'Arc s'était demandé souvent comment elle persuaderait le roi de la vérité de sa mission. Alors ses Voix lui avaient promis un signe. Elle l'attendait tranquillement et avec certitude.

Charles VII de son côté était fort perplexe. Il ne croyait guère à cette paysanne lorraine qu'on lui envoyait. Il aurait bien voulu secourir Orléans, mais il doutait de sa force, de ses vassaux, de son armée. Chose plus grave, il doutait de lui-même et de sa légitimité. Car, au moment de sa naissance, sa mère, Isabeau de Bavière, avait eu une liaison avec le duc d'Orléans. Dans les idées de l'époque, le droit à la couronne était lié indissolublement à la pureté du sang royal, à la descendance de la lignée mâle. Aux yeux de la noblesse comme du peuple, aux yeux de la France entière, un fils adultérin de la reine Isabeau de Bavière n'eût été qu'un bâtard usurpateur et plaçait *ipso facto* la couronne sur la tête de Henri VI d'Angleterre. Dans ces conjonctures, on comprend à quel point ce doute dut poigner le pauvre monarque humble et timide qu'était Charles VII. Six mois avant sa

rencontre avec la Pucelle, il avait eu la pensée
de s'enfuir en Espagne ou en Ecosse et avait
supplié Dieu de lui donner la certitude de sa
légitimité en promettant alors de faire son devoir de roi. Il était dans ces dispositions, quand
Jeanne d'Arc vint le trouver.

Vous connaissez la scène. Une réception solennelle au château de Chinon, Jeanne entre
dans la salle des fêtes éclairée de cinquante
torches, au milieu de trois cents seigneurs in-
crédules, tous curieux de voir la petite sorcière
de Domrémy. Elle avait l'air « d'une pauvre
petite bergerette », disait plus tard Gaucourt,
grand maître de la maison du roi. Pour l'éprou-
ver, Charles VII s'était caché au milieu de ses
gentilshommes. Sans se troubler, elle va droit à
lui : « Gentil Dauphin, dit-elle, j'ai nom Jehanne
la Pucelle. Le roi des cieux vous mande par
moi que vous serez sacré et couronné en la ville
de Reims. » Tout le monde est étonné. Le roi
est saisi, mais non convaincu. Il prend Jeanne
à part, loin de tous les autres, et, comme lisant
au fond de sa pensée, elle lui dit à brûle pour-
point : « Je te dis de la part de Messire, que tu
es le vrai héritier de France. » Alors, aux yeux
de tous, la figure du monarque s'illumina d'une
joie que personne ne lui avait jamais vue. Que
lui dit-elle alors dans le long colloque privé

qui s'en suivit ? Comment avait-elle deviné le souci que personne ne connaissait hors lui-même et le vœu qu'il avait fait ? On ne sait pas. Ce qui est certain, c'est qu'au sortir de cet entretien, le roi fut convaincu de la mission de Jeanne et la marche sur Orléans décidée entre lui et son conseil.

Supprimez ce fait de divination, supprimez ce regard perçant jeté par la voyante de Domrémy dans la conscience royale, et vous supprimez la roue motrice qui mit en branle le roi et son conseil, et par eux toute la machine féodale et guerrière, immobilisée dans le doute, la paresse et la peur. Le poids énorme de la masse soulevée permet de conclure à la grandeur de la force occulte qui la fit mouvoir.

Nous constatons ainsi que si le phénomène des Voix et des Visions fut à l'origine de la mission de Jeanne d'Arc et lui imprima son impulsion première, sa clairvoyance psychique et son inspiration supérieure nous apparaissent comme un des plus forts leviers de son action sur son entourage. Il n'est donc pas étonnant que, se sentant ainsi protégée et sentant en elle cette force immense, elle ait répondu avec tant de courage et d'énergie aux docteurs en théologie, aux prêtres et aux moines chargés de l'examiner à Poitiers. Comme ces savants argumentateurs essayaient de lui prouver par tous les auteurs sacrés qu'il ne fallait pas croire en elle, elle leur jeta cette parole sublime : « *Ecoutez, il y en a plus au livre de Dieu que dans les vôtres !...* » Or, ce *livre de Dieu* dont parlent symboliquement tous les grands voyants, aussi bien dans l'Apocalypse de saint Jean que dans le Koran de Mahomet, n'est pas un livre en papyrus ou en parchemin, c'est la lumière intérieure de l'âme, c'est cet éther fluide et impalpable qu'on pourrait appeler l'Ame universelle, l'*akasa* des Indous, la lumière astrale de Paracelse, dans laquelle les vrais prophètes lisent, en images mobiles, les empreintes du passé et voient flamboyer quelquefois les signes précurseurs de l'avenir. C'est uniquement parce qu'elle savait lire dans cette Bible cosmique, ouverte seulement aux plus grandes âmes, que Jeanne d'Arc eut la force de vivre sa vie, de braver la mort et d'accomplir sa mission.

III. *L'épreuve et le martyre. La lutte avec l'Eglise.* — Une loi tragique domine toute l'histoire humaine. Les idées nouvelles ne s'imposent à l'humanité que par le sacrifice personnel de leurs premiers représentants. Il semble que l'immense majorité des hommes ne puisse croire à une idée, que lorsqu'elle a vu un héros mourir pour elle. Il devait en être ainsi pour Jeanne d'Arc. Supposons que les Anglais eussent été chassés de France immédiatement après le couronnement de Reims et que Jeanne d'Arc eût vieilli à la cour du roi Charles VII, en chevalière décorative, figurant avec sa bannière comme une sorte de héraut d'armes dans les cérémonies publiques; ou bien imaginons qu'elle eût terminé son existence à Domrémy comme une riche fermière dotée par le roi — c'en serait fait de son auréole. Elle n'incarnerait pas pour nous l'idée de la patrie dans son émouvante beauté. Il fallait, hélas, la torture du tribunal et du bûcher de Rouen pour l'imprimer en traits de feu dans la mémoire de la postérité.

Après la victoire de Patay et le sacre de Reims, l'étoile de Jeanne pâlit. Sa mission militaire est terminée. Le royaume de France est reconstitué spirituellement, le territoire libéré virtuellement. Elle hésite, elle tâtonne. Le grand souffle qui l'avait soulevée ne la soutient plus qu'à demi. Vous savez l'histoire de sa défaite, devant Paris, de sa prise à Compiègne, de sa captivité. Vous savez comment elle fut livrée aux Anglais par un seigneur bourguignon et brûlée par des juges complices de ses ennemis. Pendant ce temps, les phénomènes occultes qui marquent toute sa carrière continuent et durent jusqu'à la fin. Après Reims, les Voix lui prédisent la défaite, la prison et l'épreuve. Une fois qu'elle est au pouvoir des Anglais, il semble qu'elles veuillent la préparer peu à peu au terrible supplice. Elles ne lui parlent pas de la mort par le feu, ce qui serait vraiment trop cruel, mais de délivrance et de paradis. Elle s'obstine à croire qu'il s'agit de la délivrance d'entre les mains des Anglais. Car elle a beau être héroïne et prophétesse, elle est femme et son sang frémit d'horreur à l'idée des flammes qui doivent dévorer sa chair ; toute sa conscience se révolte à la pensée qu'elle, « la fille de Dieu », comme l'appellent ses Voix, sera brûlée comme une vile sorcière. Mais les Voix désormais n'ont plus qu'un but, la soutenir dans sa résistance contre ses inquisiteurs, plus implacables que des bourreaux, l'empêcher de défaillir dans la lutte effrayante, acharnée, qui va s'engager entre des juges terrorisés, présidés par un évêque, mené lui-même par le cardinal Winchester, entre ce tribunal entouré d'une soldatesque furieuse criant vengeance. — et une pauvre fille ignorante sans conseil et sans appui. Solennelles, impératives, ses Voix l'encouragent jour par jour à ne pas faiblir, à confesser sa foi. Ici encore les Voix parlent conformément aux circonstances et à la logique de sa mission. Selon la politique du temps, il était de l'intérêt des Anglais de brûler Jeanne d'Arc comme sorcière, mais il fallait avant tout lui arracher une rétractation de sa mission divine pour la déshonorer devant le monde et déshonorer ainsi le roi de France.

La torture morale de ce procès dura quatre mois. On lui dresse tous les pièges imaginables pour la forcer à un désaveu. On essaye tour à tour de l'insinuation, de la ruse, de la menace. On la tourmente pendant toute une semaine pour lui soutirer le secret du roi — elle refuse. On veut savoir le détail de ses visions ; c'est le sanctuaire de son âme qu'elle a juré de n'ouvrir à personne — elle s'enferme dans le silence. A toutes les calomnies elle répond avec une humilité touchante et une fermeté admirable. Quand on attaque devant elle le roi de France, elle le défend avec une vivacité passionnée. On la somme de se soumettre d'avance à la décision d'un conseil de docteurs choisis par les juges, la mettant ainsi dans l'alternative de se désavouer ou de se déclarer hérétique. Et ici se dessine la grande lutte de l'époque et qui sera aussi celle des époques suivantes, la lutte entre l'Eglise autoritaire, tyrannique, inflexible et la foi libre, l'inspiration personnelle. Malgré sa piété profonde, Jeanne n'hésite pas. Elle en appelle de l'Eglise militante et visible à l'Eglise triomphante et invisible, la sienne, celle de ses Voix et de ses Visions, la seule qu'elle reconnaisse. Hérésie flagrante. Le président Cauchon sourit et la note avec satisfaction. C'est déjà de quoi la condamner. Mais il faut aux juges un désaveu. On fait venir un prédicateur qui la menace de l'enfer et de la torture. Ses réponses sont invariables : « Je m'en tiens à mon juge, au roi du ciel et de la terre... Quand vous me feriez arracher les membres et tirer l'âme du corps, je n'en dirais pas autre chose... Quand je verrais le bourreau, quand je serais dans le feu, je ne pourrais dire que ce que j'ai dit. » Alors, malade, épuisée, brutalisée par ses gardiens, dont l'un avait tenté de la violer, on la traîne au cimetière de Saint-Ouen entre un échafaud, où siège le cardinal Winchester avec trente assesseurs, et un autre échafaud, où un prédicateur flanqué du bourreau lui fait un long sermon. Là, on réussit à lui arracher un semblant d'abjuration sur un bout de parchemin avec la fausse promesse de la tirer de la main des Anglais et de la rendre à la juridiction de l'Eglise. La pauvre fille, demi-morte, signe ce parchemin avec un rond et une croix. Car, détail saisissant, l'ange martyr qui savait lire dans *le livre de Dieu* ne connaissait pas une lettre de l'alphabet, et ne savait pas écrire avec une plume. En vérité, en avait-elle besoin, puisqu'elle a inscrit son message dans *le livre de l'humanité* avec le sang de son cœur?

Le lendemain Jeanne pleure toute ses larmes dans sa prison. Elle croyait qu'on allait la remettre entre les mains de l'Eglise et qu'elle y trouverait justice. On le lui avait promis et on l'a remise entre les mains des soldats anglais. Elle déclare que ses Voix lui ont sévèrement reproché sa faiblesse. Elle reprend sa rétractation et dit à Cauchon, venu pour la surprendre en faute : « — Evêque, je meurs par vous. J'en appelle de vous à Dieu. » Le surlendemain elle meurt sur son bûcher en disant : « Mes Voix ne m'ont pas trompée ! » Je sais qu'on a contesté ces paroles, quoiqu'elles soient contresignées du frère Martin l'Advenu, qui l'assista dans ses derniers moments et qui fut un témoin assermenté au procès de réhabilitation. Peu importe qu'elle ait prononcé ou non ces mots, à l'instant où la flamme du brasier vint lécher ses membres palpitants... elle les a criés de toute sa vie et signés de sa mort.

III

SYNTHÈSE DE LA MISSION DE JEANNE D'ARC. L'INSPIRATION DANS L'HISTOIRE

Telle est la vie intérieure de Jeanne d'Arc, qui éclate, lumineuse, à travers ses actes et ses paroles. J'en ai montré les phases essentielles et j'ai tenté d'en découvrir les dessous. Essayons de la résumer.

Dans cette carrière héroïque, nous avons reconnu trois étapes : la conception de l'idée, son exécution matérielle et sa confirmation spirituelle par l'épreuve dernière. De l'unité préétablie de cette vie, de cette logique supérieure, de l'accord parfait entre l'inspiration première et l'œuvre accomplie, nous sommes contraints, au nom même de la stricte logique, de tirer une conséquence. La nature et la grandeur des effets trahissent ici la nature et la grandeur des causes en jeu. Ils nous forcent à conclure à *la réalité de l'inspiration comme émanant d'un monde supérieur au monde physique.*

Quels peuvent être, dans une philosophie rationnelle, les rapports de ce monde avec l'évolution cosmique et l'histoire de notre humanité, c'est là une question qui dépasserait de beaucoup le cadre de cette conférence et à laquelle je ne veux même pas toucher. Je me contente de constater qu'il faut admettre cette hypothèse si l'on veut trouver une explication logique à la vie de Jeanne d'Arc. J'ajoute que cette hypothèse s'impose de plus en plus par les travaux de la psychologie expérimentale.

La réalité, la hauteur de la mission de Jeanne d'Arc nous apparaîtra plus puissante encore, si nous donnons un coup d'œil à son résultat historique. Il s'est trouvé des esprits paradoxaux pour soutenir que la France n'eût rien perdu à être conquise par l'Angleterre au xv\ siècle. On aurait continué à parler français de ce côté de la Manche, et les deux peuples réunis auraient formé une nation plus forte, une puissance plus redoutable en Europe. C'est Philarète Chasles qui a lancé jadis cette boutade comme une fantaisie littéraire. Peut-être trouverait-elle aujourd'hui des anarchistes pour la soutenir par esprit niveleur et destructeur. Dans cette hypothèse, la Pucelle d'Orléans n'aurait été, dans notre histoire, qu'un épisode superflu. Si M. Anatole France ne formule pas cette idée, tout son livre tend à la démontrer. Il appelle cela « rendre Jeanne d'Arc à l'humanité ». Or ce paradoxe

méconnaît ce fait universel, que toutes les nations ont une individualité, que ces individualités sont des organes de l'humanité, dont chacun
a sa fonction et son rôle. En un mot, les nations
ont une âme collective, et cela est encore plus
vrai au point de vue occulte et profond qu'au
point de vue superficiel, qui est celui de tous
nos historiens. Or, à certaines heures de crise,
cette âme collective se manifeste par certaines
individualités humaines, héros, prophètes, hé-
roïnes. Par eux, l'idée dominante, ce qui résume
la mission de la nation elle-même, jaillit au
dehors. Elle se cristallise en s'incarnant dans
une personne vivante. Par elle, le peuple s'oriente
à nouveau.

Il en fut ainsi de Jeanne d'Arc. Avant elle,
l'idée de la France n'existait que vaguement
dans les esprits. Par la Pucelle d'Orléans elle
passe dans la conscience populaire. Par son âme,
par son action, par son œuvre, Jeanne regarde
à la fois le passé et l'avenir. On peut dire que
sa personnalité incarne rétrospectivement et pro-
phétiquement l'idée que représente la France
parmi les nations et sa mission dans le monde.
Quelle est donc cette idée qui se manifeste dans
l'histoire de France, du Frank Charlemagne et
du croisé saint Louis par la chevalerie, par la
Renaissance et la Réforme, jusqu'à la philoso-

phie du xviiie siècle et au delà de la Révolution française à travers les contradictions, les luttes et les bouleversements qui sont la vie même des sociétés ? Quelle est cette mission constante et universelle de la France ? Porter dans le monde l'idée de la liberté individuelle et de l'unité humaine, réaliser un concept de la patrie qui s'élargisse au concept de l'humanité, tout en restant elle-même parce qu'elle le renferme virtuellement dans l'originalité de sa race, de sa tradition et de son génie. C'est l'idée qu'exprime admirablement ce beau vers de Sully-Prudhomme :

J'aime dans ma patrie un cœur qui la déborde.

Eh bien ! cette idée, Jeanne d'Arc la représente non pas en formules abstraites, mais en actions ardentes, par son enthousiasme bouillonnant avec tout le sang généreux de sa vie. Elle la représente en opposant la liberté de son inspiration personnelle à ses proches, à ses amis comme à ses adversaires, au conseil du roi comme aux docteurs en théologie et à l'Eglise elle-même. Elle la représente encore par son admirable sentiment de pitié et de sympathie humaine dont ses ennemis eux-mêmes ne sont pas exclus. Sans doute ses idées revêtent les formes et les couleurs de son temps, mais elles n'en sont pas moins larges comme son âme et profondes comme le ciel qu'elle reflète dans son cœur. Si nous disons par exemple, dans notre langue pauvrement abstraite : « Il n'y a pas de héros sans idéal », elle dira à celui qu'elle appelle « son gentil Dauphin » que « le roi de France doit être le lieutenant du roi du ciel ». La formule est autre, l'idée et le sentiment sont les mêmes, sous une image vivante. Cette idée de liberté et d'humanité, jointe à la foi divine, qui s'incarne dans sa personne, elle la grave dans l'âme de sa nation par sa vie, sa victoire et son martyre. Voilà une mission grande parmi les plus grandes. Si elle a pu l'accomplir jusqu'au bout, c'est par sa foi absolue en un monde supérieur. Quelque idée que nous nous formions sur la nature de son inspiration, il faut reconnaître que chez elle l'*Inspirée a fait l'Héroïne*.

La psychologie de Jeanne d'Arc et son rôle d'Eveilleuse dans l'histoire de France nous amènent à une conclusion plus générale encore, c'est que l'idée du Héros est inséparable de l'idée d'Inspiration. Si la manière de concevoir et d'écrire l'histoire, qui est celle de M. Anatole France, devait prévaloir dans notre enseignement, l'idée du héros et de l'héroïsme serait chassée de l'âme de la jeunesse. L'Inspiration est la mère de l'Héroïsme et sa condition *sine qua non*. Seulement sous l'empire de dogmes étroits et d'une tradition mutilée, on se fait généralement de l'inspiration une idée bornée et puérile. Selon l'Eglise, l'inspiration est le monopole du christianisme et c'est elle seule qui en tient la clef. Dans ce concept, l'inspiration devient une intervention accidentelle de Dieu dans les affaires de ce monde, une suspension des lois de la nature et de l'histoire. Ce concept sépare la nature et l'humanité de Dieu et ne leur laisse de communication avec lui qu'à travers l'Eglise. Les sages d'aucun temps n'ont accepté ce dogme qui rapetisse à la fois l'homme, la nature et la divinité. L'intuition le repousse et la raison le réprouve. Mais il est un concept plus large de l'inspiration comme d'une loi universelle. En y regardant de près, on y verra un phénomène commun à toutes les époques, à tous les peuples, à toutes les religions, souvent faussé par la superstition, intermittent en apparence, mais partout présent, un phénomène varié et nuancé, dosé et gradué selon les temps, les lieux et les individus. Nous sommes tous des inspirés d'une certaine manière et dans une certaine mesure, seulement nous n'en savons rien. Chez l'homme de génie comme chez le héros, chez le voyant et le saint, l'inspiration est si forte qu'elle devient consciente. Grâce à son éclat éblouissant, nous apercevons le mince rayon de cette même lumière que nous portons tous en nous. Voilà pourquoi les foules saluent le héros comme un messager de Dieu inconnu et comme leur joie suprême. Quelle preuve meilleure de Dieu dans l'Homme, de l'Eternel dans l'Ephémère ? Grâce au Héros, l'Enthousiasme (le Dieu en nous) n'est pas un vain mot. Il flamboie comme un appel à l'effort suprême par la suprême vérité. Et si l'on me demandait : — Comment distinguer le vrai héros du faux et le prophète du charlatan ? — je répondrais par la parole du Christ : « C'est par leurs fruits que vous les jugerez. »

Elargi de cercle en cercle, d'un phénomène exceptionnel et particulier à un phénomène continu et universel, le concept de l'inspiration, loin d'obscurcir l'histoire, l'éclaire d'une lumière transcendante. Il en marque les crises, il en distribue les étapes, il en rythme l'évolution progressive. L'inspiration ainsi conçue est une réfraction changeante du Divin dans l'âme humaine, de même que l'arc-en-ciel est une réfraction du soleil dans l'atmosphère. Les sept couleurs du prisme ne se jouent-elles pas en mille feux dans l'azur et à la surface du globe ? Elles émaillent

la forêt, elles fluent dans le torrent, elles chatoient sur les mers. Elles tremblent dans une
goutte de pluie ou jettent une arche irisée pardessus la tempête — et pourtant elles obéissent
toujours à la même loi. Il en est de même de
l'inspiration, nul ne sait quand elle viendra,
mais elle luit à son heure, selon l'éternelle sagesse. L'inspiration est l'arc-en-ciel de l'âme
humaine.

Nous avons contemplé en Jeanne d'Arc la
beauté divine de l'inspiration, jointe à la flamme
du plus noble héroïsme. Rarement ces deux forces, réunies en une seule, ont brillé d'une si
pure lumière dans le cœur d'une femme. Une
telle figure est un privilège pour la nation où
elle est née, un trésor pour toutes les âmes, et
un honneur pour l'humanité. En est-il une
preuve plus éclatante que le fait dont je vous
parlais tout à l'heure, puisqu'au moment même
où un Français s'est complu à la ravaler, il s'est
trouvé, en Angleterre, au pays de ses anciens
ennemis, un champion pour la défendre ? Quand
à ce Français — qui, par malheur, s'appelle
Anatole France — nous dirons à cet esthète raffiné, à cet ironiste déliquescent : — A votre
aise ! Niez l'Inspirée en Jeanne d'Arc, puisque
vous êtes incapable de comprendre le mystère
divin de l'inspiration — mais ne touchez pas à

l'Héroïne — car l'âme de la patrie respire et
palpite en elle [1] !

1. Il n'est pas irrespectueux de comparer les écrivains hors
ligne avec l'un des représentants de la faune terrestre, puisque
les traits de tous les animaux se retrouvent comme fondus et
transfigurés dans l'homme et que de très grands personnages
ont pris ou reçu comme blason les plus saillants d'entre les
fauves, les volatiles et les ruminants. Témoins trois des Evan-
gélistes. Saint Mathieu n'a-t-il pas pour symbole le bœuf pa-
tient, saint Marc, le lion au courage indomptable, et saint
Jean, l'aigle, roi de l'espace et conquérant de l'air ?

L'animal que M. Anatole France pourrait mettre dans ses
armes serait, à mon avis, la belette. Point de corps plus sou-
ple, plus élégant et plus fin. Il tient à la fois du léopard et du
serpent. Tête de lévrier, dents fines et pointues et, dans l'œil
brillant, une gaîté inaltérable qui reflète à la fois sa ruse profonde et la joie de ses festins secrets: Point de terrier tortueux
point de retrait caché, point de bercail clos où ce merveilleux
animal ne réussisse à s'insinuer.

Lorsque la belette a pénétré dans le colombier d'un de nos
vieux châteaux de France et qu'elle a réussi à saisir dans ses
griffes le pigeon endormi sur son perchoir, elle suce son sang
jusqu'à la dernière goutte, puis repart par l'huis perforé dans
la porte par sa dent rongeuse. Alors se trouvant seule dans la
forêt miroitante sous la magie du clair de lune, la belette
éprouve un moment de ravissement. Le sang chaud de la colombe emplit ses veines, gonfle sa poitrine de volupté, allume
son regard comme une escarboucle. Mais, cette colombe mira-
culeuse, qui volait dans le ciel, éblouissant la forêt de sa blancheur n'est plus qu'un cadavre. Le meilleur de sa vie a passé
dans les veines de la belette avec son sang. Faut-il s'étonner
qu'à ce moment la nocturne rôdeuse se sente un peu la reine
de la création ?

Tel fut sans doute le genre de plaisir esthétique très rare et
très délicat, que dut ressentir M. Anatole France, après avoir

terminé sa *Vie de Jeanne d'Arc*, lorsqu'il se targua devant nous de l'avoir « humanisée ». Dieu nous garde de lui en vouloir de son illusion. Car à chacun sa nature et son rôle. Les destructeurs ont leur place et leur utilité dans la grande économie de la nature. Les belettes ont aussi leur grâce et leur fonction. Seulement ne leur permettons pas de dévorer les colombes, c'est-à-dire de tuer dans le cœur de la jeunesse le culte des héros et l'amour de notre héroïne nationale. Car ce culte représente l'avenir de la race et l'âme de la nation.

ŒUVRES DE ÉDOUARD SCHURÉ

PRIX LASSERRE EN 1917